단어와 회화를 함께 익히는

초등영단어

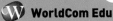

머리말

초등학교 때 배운 영어, 대학교까지 좌우한다!

영어는 초등학교에서 배우는 많은 과목들 가운데 가장 중요한 과목입니다. 초등학교 시절이 **영어를 가장 빨리, 가장 자연스럽게 익힐 수 있는 시절**이기 때문입니다. 이 시절에 영어를 제대로 익히지 못하면, 중학교나 고등학교에서 뛰어난 영어 실력을 기르는 것이 아주 어려워집니다. 따라서 초등학교 시절에 영어 실력을 제대로 길러야만, 원하는 대학에 입학해서 **성공적인 삶**을 준비할 수 있습니다. 이 책은 이처럼 중요한 초등학교 시절에 영어를 가장 효과적으로 익히는 데 도움을 주기 위해 출간되었습니다.

탄탄한 단어 실력이 뛰어난 영어 능력의 기초!

영어 능력에는 읽기 능력, 듣기 능력, 쓰기 능력, 말하기 능력 등 여러 능력이 있습니다. 이런 능력을 제대로 기르기 위해서는 단어 실력이 잘 갖추어져 있어야만 합니다. 단어 실력이 단어가 쓰이는 **자연스러운 맥락을 알고, 자연스럽게 활용할 수 있는 능력**을 뜻하기 때문입니다. 특히, 초등학교 시절에는 복잡한 문법 규칙을 외우는 것이 아니라, 원어민들이 자연스럽게 쓰는 좋은 문장을 접하면서 단어에 대한 감각을 길러야만 합니다. 이 책은 이런 점에 중점을 두면서, 초등학생들이 **필수 단어들을 자연스럽게 익힐 수 있도록 구성**했습니다.

초등학생 눈높이에 딱 맞춘, 살아 있는 단어 교재!

이 책은 초등학생들의 인지 발달 단계를 감안하여, 하나하나의 단어를 **생생한 실사**와 **자연스러운 문장**을 통해 익힐 수 있도록 배려했습니다. 초등학생들은 추상적인 설명을 통해서가 아니라, 구체적인 사물을 만져보고, 들어보고, 느껴봄으로써 단어를 익힙니다. 이런 점을 감안해서, 이 책은 초등학생들이 단어를 쉽게 이해할 수 있도록 도와주는 살아 있는 실사를 제공합니다.

이처럼 초등학생 눈높이에 딱 맞춘 이 책은 **교육부 지정 초등학생이 익혀야 할 회화 문장 300개**도 제공합니다. 이 문장들은 특히 중학교 영어 학습에 많은 도움을 줄 것입니다.

이 책은 단어가 쓰이는 자연스러운 맥락을 보여주는 살아 있는 사진, 그리고 원어민의 정확한 발음을 통해 초등학생들이 영어라는 과목을 자연스럽고 재미있게 학습할 수 있도록 구성한 교재입니다. 부록으로 제공되는 MP3 CD와 함께, 이 책이 많은 초등학생들의 영어 학습에 꼭 필요한 교재가 될 것이라 확신합니다. 이 책을 통해 초등학생들이 뛰어난 영어 실력의 탄탄한 기초를 쌓을 수 있게 되기를 간절히 바랍니다.

차례 *Contents*

이 책에 대하여

✪ 머리말 2

✪ 이 책의 구성과 특징 6

✪ 이 책을 잘 활용하기 위하여 8
  약어표, 발음의 요소

A부터 Z까지

A 18

Theme Animals 동물 34
        Farm Animals, Wild Animals

B 47

Theme Bathroom 화장실 54
        Bedroom 침실 60
        Birds 새 68
        Body 신체 76
        Buildings 건물 86

C 92

Theme Classroom 교실 114
        Clothes 옷 118
        Colors 색 122

D 137

E 158

Theme Earth 지구 162

F 176

Theme Face 얼굴 178
        Family 가족 182
        Flowers 꽃 198
        Foods 음식 202
        Fruits 과일 212

G 215

H 230

Theme Hospital 병원 250
        House 집 254

I 259

Theme Insects 곤충, 벌레 264

J ···················· 268
Theme Jobs 직업 ···················· 272

K ···················· 275
Theme Kitchen 부엌 ···················· 280

L ···················· 284

M ···················· 305
Theme Months 달 ···················· 320
Music 음악 ···················· 328

N ···················· 330
Theme Nature 자연 ···················· 334

O ···················· 345
Theme Opposites 반대 ···················· 352

P ···················· 357
Theme Plants 식물 ···················· 380

Q ···················· 399

R ···················· 402

S ···················· 420
Theme Shapes 모양 ···················· 432
Space 우주 ···················· 456
Sports 운동 ···················· 462

T ···················· 479

U ···················· 511

V ···················· 517
Theme Vegetables 채소 ···················· 520
Vehicles 탈것 ···················· 522

W ···················· 527
Theme Weather 날씨 ···················· 534

X ···················· 548

Y ···················· 549

Z ···················· 554

부록

✪ 1. 교육부 지정 초등영어회화 300문장 ···················· 558

✪ 2. 불규칙 동사변화, 기수와 서수 ···················· 588

초등학생과 예비 중학생이 꼭 익혀야 할 1396개의 표제어

이 책은 교육부 지정 초등 필수 단어, 그리고 예비 중학생이 꼭 알고 있어야 하는 단어를 1396개로 엄선하여 실었습니다. 초등학생의 눈높이에 맞추어 단어의 중요한 뜻을 알기 쉽게 풀어 썼습니다. 그리고 초등학교 시절이 영어의 정확한 발음을 익히는 데 가장 좋은 때라는 사실을 생각해서, 단어마다 **발음 기호**와 그에 가장 가까운 **우리말 소리**를 넣었습니다.

효과적인 학습을 위한 실사 그림과 살아 있는 예문, 그리고 알찬 숙어

이 책은 초등학생이 쉽게 단어의 뜻을 연상할 수 있도록 해주는 흥미로운 **실사 그림**을 실었습니다. 또한 실제 생활에 바로 쓸 수 있는 살아 있는 **예문**과 꼭 익혀야 할 **숙어**를 통해, 초등학생이 영어 학습의 방향을 제대로 잡을 수 있도록 구성했습니다.

초등학생들이 꼭 알아야 하는 단어들을 32개의 주제별로 모아서 더 재미있고 효율적으로 공부할 수 있게 제시했습니다.

교육부가 지정한 실용 회화 예문을 실음으로써, 초등학교 필수 단어와 더불어 문장의 기본 문형을 익히고 회화에도 자신감을 가질 수 있도록 구성했습니다.

이 책을 잘 활용하기 위하여

1. 약어표

명 **명사:** 사람이나 사물을 가리키는 말

관 **관사:** 사람이나 사물이 구체적인지를 나타내는 말

대 **대명사:** 명사를 대신해서 쓰는 말

동 **동사:** 대개 움직임을 나타내는 말

조 **조동사:** 동사를 도와주는 말

형 **형용사:** 모양이나 성질을 나타내는 말

부 **부사:** 대개 동사를 꾸며주는 말

전 **전치사:** 명사가 다른 말과 갖는 관계를 나타내는 말

접 **접속사:** 단어나 문장을 이어주는 말

감 **감탄사:** 느낌을 나타내는 말

2. 발음의 요소

- 억양(intonation)

  ❂ **억양:** 말소리의 높낮이를 뜻함.

  ❂ 문장의 끝을 올리거나, 내리거나, 올렸다가 내리는 경우로 나뉨.

- 강세(stress)

  ❂ **강세:** 단어의 어떤 모음을 다른 모음보다 더 높고 길게 내는 것.

  ❂ 음절 수가 많은 단어는 가장 높은 제1강세(´)와 그 다음으로 높은 제2강세(`)를 가짐.

– 모음(vowel)

[a]
편안하게 [아] 소리를 길게 낸다.

father [fá:ðər] 파-더 아버지
hop [hap] 합 깡충 뛰다

[e]
편안하게 [에] 소리를 낸다.

center [séntər] 쎈터 중앙
fence [fens] 펜스 울타리

[æ]
입을 크게 벌리면서 [애] 소리를 낸다.

cab [kæb] 캡 택시
mad [mæd] 매드 미친

[ei]
[에] 소리에 가볍게
[이] 소리를 붙여서 낸다.

game [geim] 게임 경기
say [sei] 쎄이 말하다

[iː]
힘을 주어 입을 옆으로 벌리면서 [이] 소리를
낸다.

each [iːtʃ] 이-취 각각의
machine [məʃíːn] 머쉬-인 기계

[i]
편안하게 혀를 낮추면서 [이] 소리를 낸다.

gift [gift] 기프트 선물
ill [il] 일 아픈

[ɔː] 입술을 둥글게 오므리면서 [오] 소리를 낸다.

ball [bɔːl] 보-올 공
fault [fɔːlt] 포-올트 잘못

[ou] [오] 소리에 가볍게
[우] 소리를 붙여서 낸다.

boat [bout] 보우트 (작은) 배
bone [boun] 보운 뼈

[uː] 힘을 주어 입술을 둥글게 오므리면서
[우] 소리를 낸다.

food [fuːd] 푸-드 음식
moon [muːn] 무-운 달

[u] 편안하게 입을 살짝 벌리면서 [우] 소리를 낸다.

cook [kuk] 쿡 요리하다
good [gud] 굿 좋은

[ə] 편안하게 힘을 빼고 [어] 소리를 낸다.

about [əbáut] 어바웃 ~에 관하여
balloon [bəlúːn] 벌루-운 풍선

[ʌ] 힘을 주면서 [어] 소리를 낸다.

brush [brʌʃ] 브러쉬 붓
cup [kʌp] 컵 컵

[ər] 편안하게 [어] 소리로 내면서 혀를 말아
올려서 낸다.

doct<u>or</u> [dáktər] 닥터 의사
lett<u>er</u> [létər] 레터 편지

– 자음(consonant)

[p] 입술을 붙였다 떼면서 [ㅍ] 소리를 낸다.

<u>p</u>ack [pæk] 팩 배낭
<u>p</u>eople [píːpl] 피-플 사람들

[b] 입술을 붙였다 떼면서 부드럽게 [ㅂ] 소리를
낸다.

<u>b</u>acon [béikən] 베이컨 베이컨
<u>b</u>ath [bæθ] 배쓰 목욕

[f] 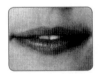 윗니로 아랫입술을 살짝 깨물면서 [ㅍ]에
가까운 소리를 낸다.

<u>f</u>act [fækt] 팩트 사실
<u>f</u>eather [féðər] 페더 깃털

[v] 윗니로 아랫입술을 살짝 깨물면서 부드럽게
[ㅂ]에 가까운 소리를 낸다.

<u>v</u>ase [veis] 베이스 꽃병
<u>v</u>oice [vɔis] 보이스 목소리

[t]  혀를 입천장에 대고 [ㅌ] 소리를 낸다.

teach [tiːtʃ] 티-취 가르치다
tennis [ténis] 테니스 테니스

[d] 혀를 입천장에 대고 부드럽게 [ㄷ] 소리를 낸다.

dance [dæns] 댄스 춤추다
drive [draiv] 드라이브 운전하다

[θ]  혀를 윗니와 아랫니 사이로 살짝 내밀면서 [ㅆ] 소리를 낸다.

thick [θik] 씩 두꺼운
think [θiŋk] 씽크 생각하다

[ð] 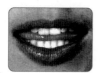 혀를 윗니와 아랫니 사이에 살짝 내밀면서 부드럽게 [ㄷ] 소리를 낸다.

they [ðei] 데이 그들
this [ðis] 디스 이것

[s] 혀를 입천장에 살짝 대고 강하게 [ㅆ] 소리를 낸다.

sand [sænd] 샌드 모래
sister [sístər] 씨스터 언니

[z] 혀를 입천장에 살짝 대고 부드럽게 [ㅈ] 소리를 낸다.

size [saiz] 싸이즈 크기
zipper [zípər] 지퍼 지퍼

[ʃ] 혀를 입천장에 살짝 대고 강하게 [쉬] 소리를 낸다.

<u>sh</u>ake [ʃeik] 셰익 흔들다

<u>sh</u>oulder [ʃóuldər] 쇼울더 어깨

[ʒ]  혀를 입천장에 살짝 대고 부드럽게 [쥐] 소리를 낸다.

televi<u>si</u>on [téləvìʒən] 텔러비젼 텔레비전

trea<u>su</u>re [tréʒər] 트레져 보물

[tʃ]  혀를 입천장에 대고 강하게 [취] 소리를 낸다.

<u>ch</u>icken [tʃíkin] 치킨 닭

<u>ch</u>oose [tʃuːz] 츄-즈 선택하다

[dʒ]  혀를 입천장에 대고 부드럽게 [쥐] 소리를 낸다.

<u>j</u>eans [dʒiːnz] 지-인즈 청바지

<u>j</u>ewel [dʒúːəl] 쥬-얼 보석

[k]  입천장 안쪽으로부터 강하게 [ㅋ] 소리를 낸다.

<u>c</u>alf [kæf] 캐프 송아지

<u>k</u>ettle [kétl] 케틀 주전자

[g]  입천장 안쪽으로부터 부드럽게 [ㄱ] 소리를 낸다.

<u>g</u>arden [gáːrdn] 가-든 정원

<u>g</u>oodbye [gùdbái] 굿바이 안녕

[h]

목구멍 안쪽으로부터 [ㅎ] 소리를 낸다.

head [hed] 헤드 머리
helmet [hélmit] 헬밋 헬멧

[l]

혀를 입천장에 대고 [ㄹ] 소리를 낸다.

lady [léidi] 레이디 숙녀
library [láibrèri] 라이브레리 도서관

[r]

혀를 입천장에 대지 않고 말아 올리면서 [ㄹ] 소리를 낸다.

ribbon [ríbən] 리번 리본
rocket [rá:kit] 라-킷 로켓

[w]

입술을 둥글게 하여 내밀면서 [우] 소리를 낸다.

wash [waʃ] 와쉬 씻다
weather [wéðər] 웨더 날씨

[j]

혀를 입천장을 향해 올리면서 [이] 소리를 낸다.

yacht [jat] 얏 요트
yellow [jélou] 옐로우 노란

[m]

입술을 붙이고 [ㅁ] 소리를 낸다.

market [máːrkit] 마-킷 시장
measure [méʒər] 메저 측정하다

[n] 혀를 입천장에 대고 [ㄴ] 소리를 낸다.

n̲ature [néitʃər] 네이쳐 자연
n̲otice [nóutis] 노우티스 안내문

[ŋ] 혀를 입천장을 향해 올리면서 [ㅇ] 소리를 낸다.

ban̲k [bæŋk] 뱅크 은행
you̲n̲g [jʌŋ] 영 젊은

초등영단어
A to Z

A부터 Z까지

- ✿ 단어
- ✿ 뜻
- ✿ 실사
- ✿ 숙어
- ✿ 발음기호
- ✿ 예문
- ✿ 품사
- ✿ 번역

KEW-c
MP3

a [ə, ei] 어, 에이

관 하나의, 어떤

자음 앞에서는 **a**, 모음 앞에서는 **an**을 쓴다.

It is **a** watermelon.
그것은 수박이다.

ability [əbíləti] 어빌러티 • abilities

명 능력, 할 수 있음

He has the **ability** to swim.
그는 수영할 수 있는 능력이 있다.

able [éibl] 에이블

형 ~할 수 있는

be able to + 동사원형: ~할 수 있다

He is able to play the piano.
그는 피아노를 칠 수 있다.

aboard [əbɔ́:rd] 어보드

전 비행기(배, 열차)로, ~에 타고

People are aboard the airplane.
사람들이 그 비행기에 타고 있다.

about [əbáut] 어바웃

전 ~에 관하여   **부** 대략, 거의

This book is about plants.
이 책은 식물에 관한 것이다.

above [əbʌ́v] 어버브

전 ~보다 위에

above all 무엇보다도

The birds are flying above the tree.
새들이 나무 위를 날고 있다.

absent [ǽbsənt] 앱선트

형 결석한, 없는

be absent from ~에 결석한

One person is absent.
한 사람이 결석했다.

accident [ǽksidənt] 액시던트

명 사고, 재난

by accident 우연히

He had a skateboard accident.
그는 스케이트보드를 타다 사고가 났다.

ache [eik] 에이크

명 아픔   **동** 아프다

She has an **ache** in her neck.
그녀는 목이 아프다.

acorn [éikɔːrn] 에이코-온

명 도토리

There is a bunch of **acorns**.
도토리 한 송이가 있다.

across [əkrɔ́ːs] 어크로-스

전 ~를 가로질러, 건너편에

Jason's family is walking **across** the road.
제이슨 가족이 도로를 가로질러 걷고 있다.

act [ækt] 액트

동 행동하다 **명** 행위, 짓

actor (남자) 배우

Mary acts like a superhero.
메리는 슈퍼히어로처럼 행동한다.

add [æd] 애드

동 더하다, 추가하다

If you add 4 and 5, you get 9.
4와 5를 더하면 9가 된다.

address [ǽdres] 애드레스

명 주소, 연설

Each letter has an address on it.
각각의 편지에는 주소가 있다.

adult [ədʌ́lt] 어덜트

명 성인, 어른

They are all adults.
그들은 모두 성인이다.

afraid [əfréid] 어프레이드

형 무서워하는, 두려워하는

be afraid of ~을 두려워하는

The cat is afraid of the dog.
고양이는 강아지를 무서워한다.

afternoon [æ̀ftərnúːn] 애프터누-운

명 오후

It is a nice Sunday afternoon.
화창한 일요일 오후다.

again [əgén] 어겐

부 다시, 또

again and again 되풀이하여

He is writing the letter again.
그는 편지를 다시 쓰고 있다.

age [eidʒ] 에이쥐

명 나이, 시대

I am eight years of age.
나는 여덟 살이다.

agree [əgríː] 어그리-

동 동의하다, (의견이) 일치하다

agree with ~에 동의하다

We agreed to be friends again.
우리는 다시 친구가 되는 데 동의했다.

ahead [əhéd] 어헤드

부 앞에, 앞서서

ahead of ~ 앞에

The dog is walking ahead of Sam.

개는 샘 앞에서 걷고 있다.

air [eər] 에어

명 공기, 공중

by air 비행기로

I like this fresh air.

나는 이 신선한 공기를 좋아한다.

air conditioner [éər kəndìʃənər] 에어 컨디셔너

명 에어컨

We use the air conditioner on hot days.

우리는 더운 날 에어컨을 사용한다.

airplane [éərplèin] 에어플레인

명 비행기 (=plane)

The **airplane** is flying in the sky.

비행기가 하늘을 날고 있다.

airport [éərpɔ̀ːrt] 에어포-트

명 공항

We can see airplanes at the **airport**.

우리는 공항에서 비행기를 볼 수 있다.

alarm [əláːrm] 얼라-암

명 알람 시계, 경보기
동 깜짝 놀라게 하다

The **alarm** clock is ringing!

알람 시계가 울리고 있다!

album [ǽlbəm] 앨범

명 앨범, 사진첩

Look at my family's photo **album**!

우리 가족 사진 앨범 좀 봐!

alike [əláik] 얼라익

형 비슷한, 같은

The dogs look **alike**.

개들이 서로 닮았다.

alive [əláiv] 얼라이브

형 살아 있는

The fish is **alive**.

물고기가 살아 있다.

all [ɔːl] 오-올

형 모든, 전부의　　**대** 모든 것

all at once 갑자기

All the children look happy.
아이들이 모두 행복해 보인다.

alligator [ǽligèitər] 앨리게이터

명 (미국 · 중국산) 악어

The alligator is opening its mouth.
악어가 입을 벌리고 있다.

alone [əlóun] 얼로운

형 혼자인　　**부** 홀로

The girl is alone playing with blocks.
소녀가 혼자서 블록을 가지고 놀고 있다.

along [əlɔ́ːŋ] 얼로-옹

전 ~을 따라서   **부** 쭉, 계속

The train is running **along** the rails.
기차가 철로를 따라 달리고 있다.

alphabet [ǽlfəbèt] 앨퍼벳

명 알파벳

The English **alphabet** has
26 letters.
영어의 알파벳은 26개이다.

always [ɔ́ːlweiz] 오-올웨이즈

부 항상, 언제나 (=all the time)

The store is **always** open 24 hours.
그 가게는 항상 24시간 영업한다.

amazing [əméiziŋ] 어메이징

형 놀라운

The magician's trick was amazing.
마술사의 마술은 놀라웠다.

ambulance [æmbjuləns] 앰뷸런스

명 구급차

The ambulance is driving to
the hospital.
구급차가 병원으로 가고 있다.

among [əmʌ́ŋ] 어멍

전 ~ 사이에, ~ 중에

The boy chooses one among some
pencils.
그 소년은 몇 개의 연필 중에 하나를 고른다.

an [ən] 언

관 하나의, 어떤

It is **an** orange.
그것은 오렌지다.

anchor [ǽŋkər] 앵커

명 닻

A big boat needs a heavy **anchor**.
큰 배는 무거운 닻이 필요하다.

ancient [éinʃənt] 에인션트

형 고대의

This is an **ancient**
Greek temple.
이것은 고대 그리스 신전이다.

and [ænd] 앤드

접 그리고, ~와

I can read **and**
write English.
나는 영어를 읽고 쓸 수 있다.

angry [ǽŋgri] 앵그리

형 화난, 성난

get angry 화를 내다

Sam is **angry**.
샘은 화가 났다.

animal [ǽnəməl] 애너멀

명 동물

Some **animals** are pets.
어떤 동물들은 애완동물이다.

ankle [ǽŋkl] 앵클

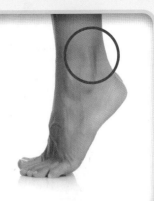

명 발목

The **ankle** is part of the leg.
발목은 다리의 일부분이다.

answer [ǽnsər] 앤서

동 대답하다　　명 대답

She raised her hand to **answer**
a question.
그녀는 질문에 답하기 위해 손을 들었다.

ant [ænt] 앤트

명 개미

The **ant** is carrying a leaf.
개미가 잎을 나르고 있다.

Animals 동물
Farm Animals 가축

cat 고양이
[kæt] 캣

dog 개
[dɔːg] 도-그

donkey 당나귀
[dáŋki] 당키

sheep 양
[ʃiːp] 쉬-프

cow 암소, 젖소
[kau] 카우

calf 송아지
[kæf] 캐프

pig 돼지
[pig] 피그

rabbit 토끼
[rǽbit] 래빗

horse 말
[hɔːrs] 호-스

deer 사슴
[diər] 디어

goat 염소
[gout] 고웃

Animals 동물

Wild Animals 야생동물

crocodile 악어
[krákədàil] 크라커다일

beaver 비버
[bíːvər] 비-버

snake 뱀
[sneik] 스네익

zebra 얼룩말
[zíːbrə] 지-브러

elephant 코끼리
[éləfənt] 엘러펀트

panda 판다

[pǽndə] 팬더

camel 낙타

[kǽməl] 캐멀

monkey 원숭이

[mʌ́ŋki] 멍키

bear 곰

[beər] 베어

fox 여우

[faks] 팍스

wolf 늑대

[wulf] 울프

tiger 호랑이

[táigər] 타이거

37

any [éni] 에니

형 무엇, 어떤　대 누군가, 무엇이나

any longer 더 이상

I can play any sports.
나는 어떤 스포츠든지 할 수 있다.

apart [əpáːrt] 어파-트

부 따로, 떨어져서

We keep our cat and dog apart.
우리는 고양이와 개를 따로 떼어 둔다.

apartment [əpáːrtmənt] 어파-트먼트

명 아파트

I live in an apartment.
나는 아파트에 산다.

ape [eip] 에잎

명 유인원, 꼬리 없는 원숭이

The mother **ape** hugs her baby.

엄마 원숭이가 아기를 안고 있다.

apologize [əpálədʒàiz] 어팔러좌이즈

동 사과하다

The boy's mom **apologized** to him.

소년의 엄마가 그에게 사과했다.

apple [ǽpl] 애플

명 사과

This **apple** is very fresh.

이 사과는 아주 신선하다.

apron [éiprən] 에이프런

명 앞치마

I wear this blue apron when I cook.
요리할 때 나는 이 파란색 앞치마를 입는다.

arm [aːrm] 아-암

명 팔

She broke her arm.
그녀는 팔이 부러졌다.

around [əráund] 어라운드

전 ~의 주위에   **부** 대략

go around 주위를 돌다

The airplane flies around the world.
비행기는 전 세계를 비행한다.

arrest [ərést] 어레스트

통 체포하다　명 체포

under arrest 체포되어

The police officer is arresting the thief.
경찰관이 도둑을 체포하고 있다.

arrive [əráiv] 어라이브

통 도착하다

She arrived home at 7 o'clock.
그녀는 7시에 집에 도착했다.

arrow [ǽrou] 애로우

명 화살표, 화살

The arrows are pointing opposite ways.
화살표들이 반대쪽을 향하고 있다.

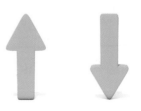

art [aːrt] 아-트

명 미술, 예술

Here are two famous works of art.

여기 유명한 미술 작품 두 개가 있다.

artist [áːrtist] 아-티스트

명 화가, 예술가

The artist is painting many colors.

화가가 여러 색을 칠하고 있다.

as [æz] 애즈

접 ~대로   **부** ~만큼   **전** ~로서

She is as tall as her brother.

그녀는 오빠만큼 키가 크다.

ash [æʃ] 애쉬 • ashes

명 재

The campfire was burned
to **ashes**.

모닥불이 다 타서 재가 되었다.

ask [æsk] 애스크

동 질문하다, 부탁하다

ask A for B A에게 B를 요구하다

The doctor **asked** the boy
some questions.

의사는 소년에게 몇 가지 질문을 했다.

asleep [əslíːp] 어슬리-입

형 잠이 든   **부** 잠들어

The child fell **asleep**
with his dog.

아이는 개와 함께 잠이 들었다.

astronaut [ǽstrənɔ̀ːt] 애스트러노-트

명 우주 비행사

The astronaut is floating in space.
우주 비행사가 우주 공간을 떠다니고 있다.

at [æt] 앳

전 (시간) ~에, (장소) ~에서

I go to school at 8 o'clock.
나는 8시에 학교에 간다.

athlete [ǽθliːt] 애쓸리-트

명 (운동)선수, 육상경기 선수

The athlete can jump very high.
운동선수는 매우 높이 점프할 수 있다.

aunt [ænt] 앤트

명 이모, 고모

grandmother

aunt

mother

daughter

My mother, grandmother and **aunt** are very close.

우리 엄마, 할머니, 이모는 매우 친하다.

automobile [ɔ́ːtəməbìːl] 오-터머비-일

명 자동차 (=car)

The red **automobile** looks great.

빨간색 자동차가 멋져 보인다.

autumn [ɔ́ːtəm] 오-텀

명 가을 (=fall)

In **autumn**, leaves fall.

가을에는 잎이 떨어진다.

awake [əwéik] 어웨익

형 깨어 있는, 잠이 깬

She is awake!
그녀는 깨어 있다!

away [əwéi] 어웨이

부 떨어져, 멀리

away from ~에서 떨어진

Birds fly far away for the winter.
새는 겨울을 대비해서 멀리 날아간다.

ax [æks] 액스 • axes

명 도끼

An ax is used for cutting wood.
도끼는 나무를 베는 데 사용된다.

Bb

Bb

Bb

B

KEW-b
MP3

baby [béibi] 베이비 • babies

명 아기, 젖먹이

The **baby** is my little sister.
그 아기는 내 여동생이다.

back [bæk] 백

명 등, 뒤　　**부** 뒤로

go back (to) ～에 돌아가다

He showed us his **back**.
그는 자기의 등을 우리에게 보여 주었다.

bacon [béikən] 베이컨

명 베이컨

The **bacon** is ready to eat.
그 베이컨은 바로 먹을 수 있다.

bad [bæd] 배드

형 나쁜, 못된

He feels **bad** about his brother.
그는 남동생에 대해 감정이 나쁘다.

bag [bæg] 백

명 가방, 주머니

The girl is looking for something
in her **bag**.
소녀가 가방 안에서 무언가를 찾고 있다.

bake [beik] 베이크

동 (빵 등을) 굽다

baker 제빵사

I baked bread in the oven.
나는 오븐에 빵을 구웠다.

balance [bǽləns] 밸런스

명 균형, 저울　　**동** 균형을 잡다

She has good balance.
그녀는 균형을 잘 유지한다.

ball [bɔːl] 보-올

명 공, 볼

The boy is playing with balls.
소년이 공을 가지고 놀고 있다.

balloon [bəlúːn] 벌루-운

명 풍선

Look at this **balloon** flower.
이 꽃 모양의 풍선을 보아라.

banana [bənǽnə] 버내너

명 바나나

Someone ate half of the **banana**.
누군가 바나나 반 개를 먹었다.

band [bænd] 밴드

명 밴드, 악단

They are a family **band**.
그들은 가족 밴드이다.

bank [bæŋk] 뱅크

명 은행, 둑

Banks keep money.
은행은 돈을 보관한다.

barber [báːrbər] 바-버

명 이발사

The **barber** is cutting the man's hair.
이발사가 남자의 머리를 깎고 있다.

bark [baːrk] 바-크

동 (개가) 짖다

The dog **barks** at the phone.
개가 전화기를 향해 짖는다.

base [beis] 베이스

명 (사물의) 맨 아래 부분, 바탕

The **base** keeps the statue in place.
토대가 조각상을 제자리에 있게 해 준다.

baseball [béisbɔ̀ːl] 베이스보-올

명 야구, 야구공

He wants to be a good **baseball** player.
그는 훌륭한 야구 선수가 되고 싶어 한다.

basket [bǽskit] 배스킷

명 바구니, 광주리

We have food in the picnic **basket**.
우리는 소풍 바구니에 음식을 가지고 있다.

basketball [bǽskitbɔ̀ːl] 배스킷보-올

명 농구, 농구공

Fred is playing **basketball** by himself.
프레드가 혼자 농구를 하고 있다.

bat [bæt] 뱃

명 박쥐, 방망이

The **bat** spreads its wings.
박쥐가 날개를 펼친다.

bath [bæθ] 배쓰

명 목욕, 욕조

take a bath 목욕하다

Tom takes a **bath** every day.
톰은 매일 목욕한다.

Bathroom 화장실

sink 세면대
[siŋk] 씽크

soap 비누
[soup] 쏘웁

mirror 거울
[mírə(r)] 미러

towel 수건
[táuəl] 타월

bathtub 욕조
[bǽθtʌb] 배쓰텁

toilet 변기
[tɔ́ilit] 토일릿

toilet paper 화장지
[tɔ́ilit pèipər] 토일릿 페이퍼

comb 빗
[koum] 코움

hair dryer 헤어드라이어
[héər drὰiər] 헤어 드라이어

toothpaste 치약
[túːθpèist] 투-쓰페이스트

toothbrush 칫솔
[túːθbrʌ̀ʃ] 투-쓰브러쉬

55

be [bi] 비

동 ~이다, 있다

It will **be** sunny soon.
날씨가 곧 화창할 것이다.

beach [biːʧ] 비-취 • beaches

명 해변, 바닷가

The girl is on the **beach**.
소녀가 해변에 있다.

bean [biːn] 비-인

명 콩

The **beans** are all round and green.
콩들은 모두 둥글고 녹색이다.

bear [beər] 베어

명 곰　**동** 참다, 낳다

The **bear** is standing on two feet.
곰이 두 발로 서 있다.

beard [biərd] 비어드

명 턱수염

The man has a thick **beard**.
남자는 턱수염이 덥수룩하다.

beat [biːt] 비-트 • beat, beaten

동 치다, 두드리다　**명** 리듬, 박자

She **beats** the drum.
그녀는 북을 친다.

beautiful [bjúːtifəl] 뷰-티펄

형 아름다운, 예쁜

beauty 미, 아름다움

The girl is beautiful.
소녀는 아름답다.

beaver [bíːvər] 비-버

명 비버

The beaver can't find his friend.
비버는 친구를 찾을 수 없다.

because [bikɔ́ːz] 비코-즈

접 ～ 하기 때문에

because of ～ 때문에

I can't play because I have too much homework.
나는 숙제가 많기 때문에 놀 수 없다.

become [bikʌm] 비컴 • became, become

동 ~이 되다

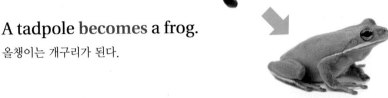

A tadpole **becomes** a frog.
올챙이는 개구리가 된다.

bed [bed] 베드

명 침대

bedroom 침실

A puppy is in the **bed**.
강아지 한 마리가 침대에 있다.

bee [biː] 비-

명 벌, 꿀벌

A **bee** is on the flower.
벌 한 마리가 꽃 위에 있다.

Bedroom 침실

clock 시계
[klak] 클락

pillow 베개
[pílou] 필로우

blanket 담요
[blǽŋkit] 블랭킷

bed 침대
[bed] 베드

drawer 서랍
[drɔ́ːər] 드로-어

lamp 램프
[læmp] 램프

frame 액자
[freim] 프레임

chair 의자
[tʃeər] 체어

table 테이블
[téibl] 테이블

before [bifɔːr] 비포–

접 ~하기 전에　　전 ~ 전에, ~ 앞에

before long 곧, 조만간

Drink your milk before you eat your sandwich.
샌드위치 먹기 전에 우유를 마셔라.

beggar [bégər] 베거

명 거지

Nobody gave money to the beggar.
아무도 그 거지에게 돈을 주지 않았다.

begin [bigín] 비긴 · began, begun

동 시작하다, 시작되다

to begin with 우선, 처음에는

The seed begins to sprout.
씨에서 싹이 나기 시작한다.

behind [biháind] 비하인드

전 ~의 뒤에

The dog is behind the window.
개가 창문 뒤에 있다.

believe [bilíːv] 빌리-브

동 믿다, 생각하다

belief 신념, 확신

Kids believe in Santa Claus.
아이들은 산타클로스를 믿는다.

bell [bel] 벨

명 종, 초인종

A bell makes a beautiful sound.
종은 아름다운 소리를 낸다.

below [bilóu] 빌로우

전 ~ 아래에

William is **below** the desk.

윌리엄은 책상 아래에 있다.

belt [belt] 벨트

명 허리띠, 벨트

The woman's **belt** is pretty.

여자의 벨트는 예쁘다.

bench [bentʃ] 벤취 • benches

명 벤치, 긴 의자

My toy is on the **bench**.

내 장난감이 벤치 위에 있다.

bend [bend] 벤드 · bent

동 구부리다, 굽히다

A strong man **bent** my spoon backwards.

어떤 힘센 사람이 내 스푼을 뒤로 구부렸다.

beside [bisáid] 비사이드

전 ~ 옆에

Jake is **beside** the suitcase.

제이크는 여행 가방 옆에 있다.

between [bitwíːn] 비트위-인

전 ~ 사이에

between A and B A와 B 사이에

The boy sits **between** two dogs.

소년은 개 두 마리 사이에 앉아 있다.

Bible [báibl] 바이블

명 성경

The **Bible** has many stories.
성경에는 많은 이야기들이 있다.

bicycle [báisikl] 바이시클

명 자전거 (=bike)

wheel

pedal

This is my brother's
first **bicycle**.
이것은 내 남동생의 첫 자전거이다.

big [big] 빅

형 큰, 커다란

She is wearing a **big** shirt and shoes.
그녀는 큰 셔츠에 큰 신발을 신고 있다.

bill [bil] 빌

명 지폐, 계산서

The boy is looking at his one-dollar **bill**.

소년은 그의 1달러 지폐를 바라보고 있다.

bird [bəːrd] 버-드

명 새

Look at the **bird** with the long beak!

긴 부리를 가진 저 새를 봐!

birthday [bə́ːrθdèi] 버-쓰데이

명 생일

birth 출생, 탄생

My mom made a **birthday** cake for me.

엄마가 나를 위해 생일 케이크를 만들어 주셨다.

Birds 새

hawk 매
[hɔːk] 호-크

seagull 갈매기
[síːgʌl] 씨-걸

owl 부엉이
[aul] 아울

ostrich 타조
[ɔ́ːstritʃ] 오-스트리취

pigeon 비둘기
[pídʒən] 피젼

crow 까마귀
[krou] 크로우

penguin 펭귄

[péŋgwin] 펭귄

parrot 앵무새

[pǽrət] 패럿

peacock 공작

[píːkàk] 피-칵

swan 백조

[swan] 스완

crane 학, 두루미

[krein] 크레인

swallow 제비

[swálou] 스왈로우

bite [bait] 바잇 • bit, bitten

동 (베어) 물다, 물어뜯다

She **bites** into the apple.
그녀는 사과를 베어 문다.

black [blæk] 블랙

형 검은   **명** 검정색

The **black** cat has a long tail.
검은 고양이는 긴 꼬리를 가지고 있다.

blackboard [blǽkbɔ̀ːrd] 블랙보－드

명 칠판

The **blackboard** was just cleaned.
방금 칠판이 지워졌다.

blame [bleim] 블레임

동 나무라다, 비난하다

He **blamed** her for the mistake.
그는 실수에 대해 그녀를 나무랐다.

blank [blæŋk] 블랭크

명 빈칸, 여백   형 빈

Fill in the **blanks**.
빈칸을 채우시오.

blanket [blæŋkit] 블랭킷

명 담요

There are heart shapes
on the **blanket**.
담요 위에 하트 모양들이 있다.

blood [blʌd] 블러드

명 피, 혈액

Blood is running from his knee.
그의 무릎에서 피가 나고 있다.

blouse [blaus] 블라우스

명 블라우스

My favorite **blouse** has
polka dots.
내가 가장 좋아하는 블라우스에는 물방울 무늬가 있다.

blow [blou] 블로우 • blew, blown

동 (입으로) 불다, (바람이) 불다

blow out 불어서 끄다

They **blow** up their balloons.
그들은 풍선을 분다.

blue [bluː] 블루-

형 파란　**명** 파란색

Let's use some **blue** paint.
파란색 페인트를 사용하자.

board [bɔːrd] 보-드

명 판자, 게시판　**동** 탑승하다

on board 탑승한

There are notices
on the **board**.
게시판에 안내문들이 있다.

boat [bout] 보우트

명 (작은) 배, 보트

The **boat** is white.
보트는 흰색이다.

body [bádi] 바디 · bodies

명 몸, 신체

They have strong **bodies**.
그들은 몸이 튼튼하다.

boil [bɔil] 보일

동 끓이다, 끓다

My mother **boiled** water to cook spaghetti.
어머니는 스파게티를 요리하기 위해 물을 끓였다.

bone [boun] 보운

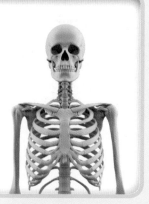

명 뼈

The human body has many **bones**.
인간의 몸에는 뼈가 많다.

book [buk] 북

명 책, 도서

This is a very interesting book.
이것은 매우 재미있는 책이다.

boot [buːt] 부-트

명 장화, 부츠(주로 복수로 씀)

My boots are red.
내 부츠는 빨간 색이다.

born [bɔːrn] 보-온

명 태어난, 타고난

The kitten was born just now.
새끼 고양이가 이제 갓 태어났다.

B

Body 신체

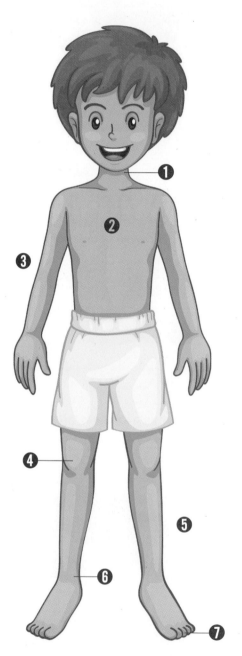

❶ **neck** 목
[nek] 넥

❷ **chest** 가슴
[tʃest] 체스트

❸ **arm** 팔
[aːrm] 아-암

❹ **knee** 무릎
[niː] 니-

❺ **leg** 다리
[leg] 렉

❻ **ankle** 발목
[ǽŋkl] 앵클

❼ **toe** 발가락
[tou] 토우

❶ shoulder 어깨

[ʃóuldər] 쇼울더

❷ back 등

[bæk] 백

❸ elbow 팔꿈치

[élbou] 엘보우

❹ hand 손

[hænd] 핸드

❺ finger 손가락

[fíŋgər] 핑거

❻ hip 엉덩이

[hip] 힙

❼ foot 발

[fut] 풋

❽ heel 발뒤꿈치

[hiːl] 히-일

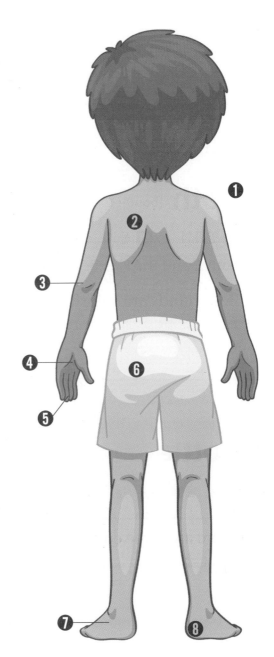

B

borrow [bárou] 바로우

동 빌리다

He **borrowed** some money from his friend.
그는 친구에게서 돈을 약간 빌렸다.

both [bouθ] 보우쓰

형 양쪽의   대 둘 다   부 다같이

both A and B A와 B 둘 다

Both hands are colorful.
양쪽 손 모두 색이 화려하다.

bottle [bátl] 바틀

명 병, 술병

There are three empty **bottles**.
빈 병 세 개가 있다.

bottom [bátəm] 바텀

명 바닥, 맨 아래 부분

The **bottoms** of the shoes are clean.

신발 바닥이 깨끗하다.

bounce [bauns] 바운스

동 튕기다, 뛰어오르다

Iris **bounces** the basketball.

아이리스가 농구공을 튕긴다.

bowl [boul] 보울

명 그릇, 사발

I had a **bowl** of soup.

나는 수프 한 그릇을 먹었다.

box [baks] 박스 • boxes

명 상자

The boy is hiding in the box.
소년은 상자 안에 숨어 있다.

boy [bɔi] 보이

명 소년, 남자 아이

The boy in-line skates very well.
소년은 인라인스케이트를 아주 잘 탄다.

brain [brein] 브레인

명 뇌

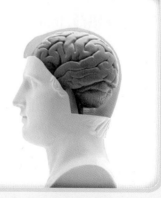

Our brain helps us think.
뇌는 우리가 생각할 수 있도록 도와준다.

branch [bræntʃ] 브랜취 • branches

명 나뭇가지

This **branch** is very thin.
이 나뭇가지는 매우 가늘다.

brave [breiv] 브레이브

형 용감한, 훌륭한

The mouse is very **brave**.
쥐는 아주 용감하다.

bread [bred] 브레드

명 빵, 식빵

There are many pieces of **bread**.
빵 조각이 많이 있다.

break [breik] 브레익 • broke, broken

동 깨다, 고장내다　　**명** 휴식

take a break 잠시 휴식을 취하다

Tom broke the dish.
톰이 접시를 깼다.

breakfast [brékfəst] 브렉퍼스트

명 아침 식사

A lot of food is ready for breakfast.
많은 음식이 아침 식사로 준비되었다.

breathe [briːð] 브리-드

동 숨을 쉬다, 호흡하다

The girl must breathe deeply.
소녀는 숨을 크게 들이쉬어야 한다.

bridge [bridʒ] 브리쥐

명 다리, 육교

The **bridge** is made of wood.
다리는 나무로 만들어져 있다.

bright [brait] 브라잇

형 빛나는, 밝은

The butterfly pin is **bright**.
나비 핀이 빛난다.

bring [briŋ] 브링 · brought

동 가져오다, 데려오다

bring up 기르다, 양육하다

He **brings** a package to Mr. Smith.
그는 스미스 씨 앞으로 온 소포를 가져온다.

broom [bruːm] 브루-움

명 빗자루

He holds a broom.
그는 빗자루를 들고 있다.

brother [brʌðər] 브러더

명 형, 오빠, 남동생

They are brothers.
그들은 형제간이다.

brown [braun] 브라운

형 갈색의   **명** 갈색

The basketball is brown.
농구공은 갈색이다.

brush [brʌʃ] 브러쉬 • brushes

명 붓, 솔   **동** (머리를) 빗다, 솔질하다

I bought three new **brushes**.
나는 붓 세 개를 새로 샀다.

bubble [bʌ́bl] 버블

명 거품, 비눗방울

It is fun to make soap **bubbles**.
비눗방울 만들기는 재밌다.

build [bild] 빌드 • built

동 짓다, 세우다

buliding 빌딩, 건물

She is **building** a model house.
그녀는 모형 주택을 짓고 있다.

Buildings 건물

apartment 아파트

[əpáːrtmənt] 어파-트먼트

drugstore 약국

[drʌ́gstɔ̀ːr] 드럭스토-어

barbershop 이발소

[báːrbərʃap] 바-버샵

bakery 빵집

[béikəri] 베이커리

church 교회

[tʃəːrtʃ] 처-취

theater 극장

[θíːətər] 씨-어터

supermarket 슈퍼마켓

[súːpərmaːrkit] 쑤-퍼마-킷

police station 경찰서

[pəlíːs steiʃən] 펄리-스 스테이션

school 학교

[skuːl] 스쿠-울

post office 우체국

[póust àːfis] 포우스트 아-피스

restaurant 식당

[réstəraːnt] 레스터란-트

hospital 병원

[háspitl] 하스피틀

bulldozer [búldòuzər] 불도우저

명 불도저

The **bulldozer** is very powerful.
불도저는 매우 힘이 세다.

burn [bəːrn] 버-언 • burnt(burned)

동 (불)타다, 태우다   **명** 덴 자국, 화상

Light a match and let it **burn**.
성냥에 불을 붙이고 성냥을 타게 해라.

bus [bʌs] 버스 • buses

명 버스

by bus 버스로

We take a **bus** to school.
우리는 버스를 타고 학교에 간다.

business [bíznis] 비즈니스 • businesses

명 사업, 일

businessman 실업가, 상인

He likes his **business**.
그는 자신의 사업을 좋아한다.

busy [bízi] 비지

형 바쁜, 분주한

be busy with ~하느라 바쁘다

She is **busy** right now.
그녀는 지금 바쁘다.

but [bət] 벗

접 그러나, 하지만

She likes sandwiches **but**
doesn't like hamburgers.
그녀는 샌드위치는 좋아하지만 햄버거는 싫어한다.

butter [bʌ́tər] 버터

명 버터

The stick of **butter** is on the dish.
접시 위에 버터가 있다.

butterfly [bʌ́tərflài] 버터플라이 • butterflies

명 나비

The **butterfly** landed gently.
그 나비는 살포시 내려 앉았다.

button [bʌ́tn] 버튼

명 단추, 버튼

A **button** fell off my coat.
내 코트에서 단추 하나가 떨어졌다.

buy [bai] 바이 · bought

동 사다, 구입하다

The boy **buys** many foods.
소년은 음식을 많이 산다.

by [bai] 바이

전 ~옆에, ~에 의해

by the way 그런데 (화제를 바꿀 때)

She is standing **by** the window.
그녀는 창가에 서 있다.

bye [bai] 바이

감 (작별 인사) 안녕

Tina waves **bye** to her friends.
티나가 친구들에게 손을 흔들어 작별 인사한다.

cab [kæb] 캡

명 택시 (=taxi)

Let's take a cab.
택시를 타자.

cage [keidʒ] 케이쥐

명 새장

The bird sings in its cage.
새가 새장에서 노래한다.

cake [keik] 케익

명 케이크

The **cake** looks delicious.
케이크가 맛있어 보인다.

calendar [kǽlindər] 캘린더

명 달력

It is a desk **calendar**.
이것은 탁상용 달력이다.

calf [kæf] 캐프 • calves

명 송아지

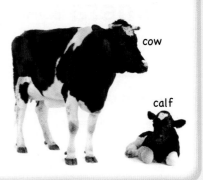

cow

calf

The **calf** is next to the cow.
송아지가 암소 옆에 있다.

call [kɔːl] 코-올

동 부르다, 전화하다　　**명** 호출

call for 요구하다, 청하다

We call this dog Boomer.
우리는 이 개를 '부머'라고 부른다.

camel [kǽməl] 캐멀

명 낙타

Camels are useful in the desert.
낙타는 사막에서 유용하다.

camera [kǽmərə] 캐머러

명 카메라, 사진기

I have a cute camera.
나는 깜찍한 카메라를 한 대 가지고 있다.

camp [kæmp] 캠프

명 야영지, 캠프　　**동** 야영하다

go camping 야영(캠핑)을 가다

We will stay in the camp.
우리는 야영지에서 머물 예정이다.

can [kæn] 캔

조 ~할 수 있다　　**명** 통조림, 깡통

He can play the violin.
그는 바이올린을 연주할 수 있다.

candle [kǽndl] 캔들

명 양초

The boy is lighting candles.
소년이 양초에 불을 붙이고 있다.

candy [kǽndi] 캔디 • candies

명 사탕

There are many kinds of candy.
여러 종류의 사탕이 있다.

cap [kæp] 캡

명 (챙이 달린) 모자

This is my cap.
이것은 내 모자이다.

capital [kǽpitl] 캐피틀

명 수도, 대문자

The capital of the U.S. is
Washington D.C.
미국의 수도는 워싱턴 D.C.이다.

captain [kǽptin] 캡틴

명 선장, 대장

His dream is to be a **captain**.
그의 꿈은 선장이 되는 것이다.

car [kaːr] 카-

명 자동차, 차

My dad has a nice **car**.
우리 아빠에게는 멋진 자동차가 한 대 있다.

card [kaːrd] 카-드

명 카드, 엽서

My hobby is playing **cards**.
내 취미는 카드놀이다.

97

care [keər] 케어

동 돌보다, 신경 쓰다　**명** 주의, 걱정

care for 돌보다, 좋아하다

We are **caring** for the plant.
우리는 식물을 돌보고 있다.

careful [kéərfəl] 케어펄

형 조심하는

The man tries to be **careful**.
남자는 조심하려고 애쓴다.

carpenter [káːrpəntər] 카-펀터

명 목수

The **carpenter** cuts a piece of wood.
목수가 나무토막을 자른다.

carrot [kǽrət] 캐럿

명 당근

Carrots are good for our health.
당근은 우리 건강에 좋다.

carry [kǽri] 캐리 • carried

동 나르다, 운반하다

carry on 계속하다

A boy is **carrying** his toys in a wagon.
소년이 수레로 장난감을 나르고 있다.

cartoon [kɑːrtúːn] 카-투-운

명 만화 영화

We enjoy watching **cartoons**.
우리는 만화 영화를 즐겨 본다.

case [keis] 케이스

명 상자, 통

This is my pencil **case**.
이것은 내 필통이다.

cassette [kəsét] 커셋

명 카세트

This **cassette** is yellow.
이 카세트는 노란색이다.

castle [kǽsl] 캐슬

명 성

The **castle** was built on top of a hill.
성은 언덕 꼭대기에 지어졌다.

cat [kæt] 캣

명 고양이

The **cat** wants to drink milk.
고양이는 우유를 마시고 싶어한다.

catch [kætʃ] 캐취 • caught

동 잡다, 붙잡다   **명** 포획

catch a cold 감기에 걸리다

The boy will **catch** the ball!
소년이 공을 잡을 것이다!

caterpillar [kǽtərpìlər] 캐터필러

명 애벌레

The **caterpillar** crawls slowly.
애벌레는 천천히 기어 다닌다.

cave [keiv] 케이브

명 동굴

He is standing in front of the **cave**.

그는 동굴 앞에 서 있다.

ceiling [síːliŋ] 씨-일링

명 천장

ceiling

floor

There are lights on the **ceiling**.

천장에 조명이 있다.

cell phone [sél fòun] 쎌 포운

명 휴대 전화

People can do many things with **cell phones**.

사람들은 휴대 전화로 많은 것을 할 수 있다.

center [séntər] 쎈터

명 중앙, 가운데

The apple in the **center** is different from the others.

중앙에 있는 사과는 나머지 사과들과 다르다.

cereal [síəriəl] 씨어리얼

명 시리얼

A girl is eating **cereal**.

소녀가 시리얼을 먹고 있다.

chain [tʃein] 체인

명 사슬, 연쇄

The **chain** is long and silver.

사슬이 길고 은색이다.

chair [tʃeər] 체어

명 의자

The child is sitting on a **chair**.

아이가 의자 위에 앉아 있다.

chalk [tʃɔːk] 초-크

명 분필

Teachers use a lot of **chalk** in class.

선생님들은 수업 중에 분필을 많이 쓴다.

chameleon [kəmíːliən] 커밀-리언

명 카멜레온

The **chameleon** is on the branch.

카멜레온이 나뭇가지 위에 있다.

champion [tʃǽmpiən] 챔피언

명 챔피언, 우승자

The boy is a skating **champion**.
소년은 스케이트 챔피언이다.

chance [tʃæns] 챈스

명 기회, 가능성
by chance 우연히

There is a **chance** of rain.
비가 올 가능성이 있다.

change [tʃeindʒ] 체인쥐

동 변하다   **명** 변화, 잔돈

Bananas **change** from
yellow to black.
바나나는 노란색에서 검정색으로 변한다.

chase [tʃeis] 체이스

동 뒤쫓다　**명** 추적, 추격

The big fish **chases** after food.
큰 물고기가 먹이를 뒤쫓는다.

cheap [tʃiːp] 치-프

형 값싼

The market sells a lot of **cheap** things.
시장에서는 값싼 물건을 많이 판다.

cheek [tʃiːk] 치-크

명 뺨

The child touches both **cheeks**.
아이가 두 뺨을 만진다.

cheer [tʃiər] 치어

통 환호성을 지르다   명 격려, 환호

cheerful 쾌활한

Harry is cheering.
해리가 환호성을 지르고 있다.

---

cheese [tʃiːz] 치-즈

명 치즈

The cheese is yellow.
치즈는 노랗다.

---

chest [tʃest] 체스트

명 가슴

The boy shows his strong chest.
소년이 튼튼한 가슴을 드러낸다.

chew [tʃuː] 츄-

동 씹다, 깨물다

My dog likes to chew a bone.
우리 개는 뼈다귀 씹는 것을 좋아한다.

chicken [tʃíkin] 치킨

명 닭, 닭고기

There are different kinds of chickens.
여러 종류의 닭이 있다.

hen

rooster

chick

child [tʃaild] 차일드 • children

명 아이, 어린이

The child smiles and plays.
아이가 웃으며 논다.

chimney [tʃímni] 침니

명 굴뚝

The factory has a tall **chimney**.
공장에 높은 굴뚝이 있다.

chin [tʃin] 친

명 턱

His **chin** touches his hands.
그의 턱이 손에 닿는다.

chocolate [tʃɔ́ːkələt] 초-컬럿

명 초콜릿

Chocolate tastes sweet.
초콜릿은 맛이 달콤하다.

choose [tʃuːz] 츄-즈 • chose, chosen

图 선택하다, 고르다

choice 선택, 선발

I choose the right one.
나는 오른쪽 것을 선택한다.

chopstick [tʃáːpstik] 차-압스틱

명 젓가락

He knows how to use chopsticks.
그는 젓가락을 사용할 줄 안다.

Christmas [krísməs] 크리스머스

명 크리스마스, 성탄절

Christmas is a happy day for all of us.
크리스마스는 우리 모두에게 행복한 날이다.

church [tʃəːrtʃ] 처-취 • churches

명 교회

On Sunday, some people go to **church**.
어떤 이들은 일요일에 교회를 간다.

circle [sə́ːrkl] 써-클

명 원, 동그라미   **동** 동그라미를 치다

We made three **circles**.
우리는 세 개의 원을 만들었다.

city [síti] 씨티 • cities

명 도시, 시

We can see many
tall buildings in a **city**.
우리는 도시에서 높은 빌딩들을 많이 볼 수 있다.

class [klæs] 클래스 • classes

명 반 (학생들), 수업

classroom 교실

The teacher helps the class.
선생님은 반 학생들을 도와준다.

classmate [klǽsmeit] 클래스메잇

명 급우, 반 친구

I read a book with my classmate, Sophie.
나는 반 친구 소피와 함께 책을 읽었다.

clean [kliːn] 클리-인

형 깨끗한   **동** 청소하다

The child made the floor clean.
아이가 바닥을 깨끗하게 했다.

clear [kliər] 클리어

형 맑은, 화창한
동 깨끗이 하다

The sky is clear.
하늘이 맑다.

climb [klaim] 클라임

동 오르다

The kitten is climbing on the chair.
새끼 고양이가 의자 위로 기어오르고 있다.

clock [klak] 클락

명 시계, 탁상시계 (휴대용은 watch)

Clocks show us the time.
시계는 우리에게 시간을 알려 준다.

Classroom 교실

crayon 크레용
[kréiən] 크레이언

chalkboard 칠판
[tʃɔ́ːkbɔ̀ːrd] 초-크보-드

chalk 분필
[tʃɔ́ːk] 초-크

teacher 선생
[tíːtʃər] 티-쳐

student 학생
[stjúːdnt] 스튜-든트

114

pencil case 필통

[pénsəl keis] 펜설 케이스

eraser 지우개

[iréisər] 이레이서

pencil 연필

[pénsəl] 펜설

globe 지구본

[gloub] 글로웁

notebook 공책

[nóutbuk] 노웃북

book 책

[buk] 북

close [동klouz/형klous] 클로우즈 / 클로우스

동 닫다, 닫히다   형 가까운, 친밀한

Somebody closed the door.
누군가 문을 닫았다.

clothes [klouz] 클로우즈

명 옷

I have many clothes.
나는 옷이 많다.

cloud [klaud] 클라우드

명 구름

cloudy 흐린, 구름이 많은

There are white clouds in the blue sky.
파란 하늘에 흰 구름들이 있다.

116

clown [klaun] 클라운

명 어릿광대

The **clown** makes us happy.
어릿광대는 우리를 즐겁게 해 준다.

club [klʌb] 클럽

명 동호회, 클럽

He is interested in joining
a golf **club**.
그는 골프 클럽 가입에 관심이 있다.

coat [kout] 코우트

명 코트, 외투

This **coat** keeps me warm.
이 코트는 나를 따뜻하게 해 준다.

Clothes 옷

tie 넥타이
[tai] 타이

suit 정장
[suːt] 수-트

hat 모자
[hæt] 햇

coat 코트
[kout] 코우트

boots 장화
[buːts] 부-츠

socks 양말
[saks] 삭스

scarf 목도리
[skaːrf] 스카-프

blouse 블라우스
[blaus] 블라우스

jeans 청바지
[dʒiːnz] 지-인즈

belt 허리띠, 벨트
[belt] 벨트

skirt 치마
[skəːrt] 스커-트

coffee [káːfi] 카-피

명 커피

Enjoy a hot cup of coffee.
뜨거운 커피 한 잔 마셔라.

coin [kɔin] 코인

명 동전, 화폐

I only have some coins.
나는 동전 몇 개밖에 없다.

cold [kould] 코울드

형 추운, 차가운   **명** 감기
have a cold 감기에 걸리다

The weather is very cold.
날씨가 매우 춥다.

color [kʌlər] 컬러

명 색, 색깔   동 채색하다

colorful 다채로운, 화려한

Each pen has a different color.
펜마다 색이 다르다.

comb [koum] 코움

동 머리를 빗다   명 빗

Ann is combing her hair.
앤이 머리를 빗고 있다.

come [kʌm] 컴 • came, come

동 오다, 도착하다

come from ~출신이다

A panda is coming towards us.
판다 한 마리가 우리 쪽으로 오고 있다.

Colors 색

black 검정색
[blæk] 블랙

red 빨간색
[red] 레드

white 하얀색
[wait] 와이트

orange 주황색
[ɔ́ːrindʒ] 오-린쥐

yellow 노란색
[jélou] 옐로우

122

green 녹색
[griːn] 그리-인

brown 갈색
[braun] 브라운

blue 파란색
[bluː] 블루-

sky blue 하늘색
[skai blúː] 스카이 블루-

violet 보라색
[váiəlit] 바이얼릿

pink 분홍색
[piŋk] 핑크

comfortable [kʌ́mfərtəbl] 컴퍼터블

형 편한, 기분 좋은

The chair is very **comfortable**.
의자가 아주 편하다.

comic book [ká:mik buk] 카-믹 북

명 만화책

The **comic book** is interesting.
만화책은 재미있다.

compass [kʌ́mpəs] 컴퍼스 • compasses

명 나침반

The **compass** pointed south.
나침반이 남쪽을 가리켰다.

computer [kəmpjú:tər] 컴퓨-터

명 컴퓨터

I use my desktop computer
every day.
나는 데스크톱 컴퓨터를 매일 사용한다.

contest [kántest] 칸테스트

명 대회, 시합

We are in a racing contest.
우리는 자동차 경주 중이다.

cook [kuk] 쿡

동 요리하다　　명 요리사

The children are learning
to cook.
아이들이 요리를 배우고 있다.

cool [kuːl] 쿠-울

형 시원한, 멋진   동 차게 하다

A fan blows cool air.
선풍기에서 시원한 바람이 나온다.

copy [kápi] 카피 • copies

명 복사, 사본   동 복사하다

The worker made lots of copies.
직원이 복사를 많이 했다.

corn [kɔːrn] 코-온

명 옥수수

Corn is yellow and delicious.
옥수수는 노랗고 맛있다.

corner [kɔ́ːrnər] 코-너

명 모서리, 구석

The flags are on the
corners of the soccer
field.

축구 경기장의 모서리에 깃발이 있다.

cost [kɔːst] 코-스트

명 값 　**동** 비용이 들다

The **cost** of the soccer ball
was 30 dollars.

축구공 값이 30달러였다.

costume [kʌ́stjuːm] 카스튜-움

명 복장, 의상

He wore a penguin **costume**.

그는 펭귄 복장을 했다.

cotton [káːtn] 카-튼

명 면화, 솜

The **cotton** is very soft.
면화는 매우 부드럽다.

cough [kaːf] 카-프

동 기침하다   **명** 기침

The child is **coughing**.
아이가 기침을 하고 있다.

count [kaunt] 카운트

동 세다, 계산하다   **명** 셈

Count how many blocks there are.
블록이 몇 개인지 세어 보아라.

country [kʌ́ntri] 컨트리 • countries

명 국가, 시골

America is a large country.
미국은 큰 나라이다.

course [kɔːrs] 코-스

명 과정, 과목

of course 물론, 당연하지

I will take a ballet course.
나는 발레 과목을 수강할 것이다.

cousin [kʌ́zn] 커즌

명 사촌

They are all my cousins.
그들은 모두 나의 사촌이다.

cover [kʌ́vər] 커버

동 덮다, 가리다   명 덮개

be covered with ~으로 덮여 있다

The girl covered her body with a flag.
소녀는 깃발로 몸을 덮었다.

cow [kau] 카우

명 암소, 젖소

The cow has black spots on white skin.
암소는 흰 가죽에 검은 점이 있다.

cowboy [káubɔ̀i] 카우보이

명 카우보이

The cowboy's horse is wild.
카우보이의 말은 사납다.

crab [kræb] 크랩

명 게

The **crab** has many legs.
게는 다리가 많다.

crack [kræk] 크랙

명 (갈라진) 금, 틈   **동** 금이 가다

The egg has a **crack**.
달걀에 금이 갔다.

crawl [krɔːl] 크로-올

동 기어가다

The child is **crawling** on her hands and knees.
아이가 손과 무릎으로 기어가고 있다.

crayon [kréiən] 크레이언

명 크레용

There are many different colored **crayons**.

다양한 색상의 크레용이 있다.

cream [kriːm] 크리-임

명 크림, 크림색

The **cream** on the cake looks delicious.

케이크 위에 크림이 맛있어 보인다.

crocodile [krákədàil] 크라커다일

명 악어

Crocodiles are very dangerous animals.

악어는 매우 위험한 동물이다.

crop [krap] 크랍

명 농작물, 수확량

The farmer harvested
the crops.

농부가 농작물을 수확하였다.

cross [krɔːs] 크로-스

동 건너다, 가로지르다   **명** ×표, 십자가

Cross the street on a green light.

초록불일 때 길을 건너라.

crowd [kraud] 크라우드

명 군중, 많은 사람들   **동** 붐비다

There is a crowd of people.

많은 사람들이 있다.

crown [kraun] 크라운

명 왕관

The **crown** is made of pearls and gold.

왕관은 진주와 금으로 만들어져 있다.

cry [krai] 크라이 • cried

동 울다, 소리치다

cry out 외치다

Julie is **crying** loudly.

줄리가 큰 소리로 울고 있다.

cup [kʌp] 컵

명 컵, 찻잔

This coffee **cup** is very pretty.

이 커피 잔은 매우 예쁘다.

curtain [kə́ːrtn] 커-튼

명 커튼

There are **curtains** over the window.
창문 위에 커튼이 있다.

curve [kəːrv] 커-브

동 곡선을 이루다   **명** 곡선, 커브

The road **curves** left and right.
도로는 좌우로 곡선을 이루고 있다.

cushion [kúʃən] 쿠션

명 쿠션

The **cushion** has an interesting pattern.
쿠션에 흥미로운 무늬가 있다.

custom [kʌ́stəm] 커스텀

명 풍습, 관습

customs 세관

The Halloween festival is
an old **custom**.

핼로윈 축제는 오래된 풍습이다.

cut [kʌt] 컷 • cut

동 자르다, 베다 **명** 베인 상처

cut out 베어버리다

He **cut** the paper.

그는 종이를 잘랐다.

cute [kjuːt] 큐-트

형 귀여운, 예쁜

A **cute** rabbit is wearing a hat.

귀여운 토끼 한 마리가 모자를 쓰고 있다.

KEW-d
MP3

dad [dæd] 대드

명 아빠

daddy 아빠 (어린 아이가 주로 쓰는 말)

A dad is playing with his kids.
아빠가 아이들과 놀고 있다.

dance [dæns] 댄스

동 춤추다   명 춤, 댄스

dancer 무용수, 댄서

They like to dance.
그들은 춤추기를 좋아한다.

danger [déindʒər] 데인줘

명 위험

dangerous 위험한

She is in danger.
그녀는 위험에 처했다.

dark [daːrk] 다-크

형 어두운, 짙은

It is dark outside the window.
창문 밖은 어둡다.

date [deit] 데이트

명 날짜, (이성과의) 만남

out of date 시대에 뒤떨어진

The date of Valentine's Day is February 14th.
밸런타인데이 날짜는 2월 14일이다.

daughter [dɔ́:tər] 도-터

명 딸

A mom is tying her **daughter's** hair back.

엄마가 딸의 머리를 뒤로 묶고 있다.

day [dei] 데이

명 요일, 낮, 하루

day by day 매일

The next **day** is Sunday.

그 다음 날은 일요일이다.

dead [ded] 데드

형 죽은

death 죽음

The plant is **dead.**

식물이 죽었다.

deaf [def] 데프

형 귀가 들리지 않는

Deaf people can talk with their hands.

귀가 들리지 않는 사람들은 손으로 말할 수 있다.

decide [disáid] 디사이드

동 결정하다, 결심하다

The boy has to **decide** between good and evil.

소년은 선과 악 사이에서 결정해야 한다.

deep [diːp] 디-프

형 깊은

deeply 깊이

He dived into the **deep** water.

그는 깊은 물 속으로 뛰어들었다.

deer [diər] 디어 • deer

명 사슴

The deer has nice horns.
사슴에게는 멋진 뿔이 있다.

delicious [dilíʃəs] 딜리셔스

형 맛있는

It tastes delicious!
맛있다!

dentist [déntist] 덴티스트

명 치과 의사

The dentist is kind.
치과 의사 선생님은 친절하다.

desert [dézərt] 데젓

명 사막

Camels live in the desert.
낙타는 사막에서 산다.

desk [desk] 데스크

명 책상

You should clean your desk.
너는 책상을 깨끗이 해야 한다.

dessert [dizə́ːrt] 디저-트

명 디저트, 후식

I eat ice cream for dessert.
나는 디저트로 아이스크림을 먹는다.

detective [ditéktiv] 디텍티브

명 탐정, 형사

He is a famous **detective**.
그는 유명한 탐정이다.

dial [dáiəl] 다이얼

동 다이얼을 돌리다, 전화를 걸다
명 다이얼

I **dialed** the wrong number.
나는 전화를 잘못 걸었다.

diary [dáiəri] 다이어리 • diaries

명 일기, 일기장

keep a diary 일기를 쓰다

I keep a **diary** every day.
나는 매일 일기를 쓴다.

diamond [dáiəmənd] 다이어먼드

명 다이아몬드

Diamonds have many sizes and colors.
다이아몬드는 크기와 색상이 다양하다.

dictionary [díkʃənèri] 딕셔네리 • dictionaries

명 사전

A **dictionary** is a good friend for your studies.
사전은 공부하는 데 있어 좋은 친구이다.

die [dai] 다이

동 죽다, 시들다   **명** 주사위

die out 멸종되다

The bug **died**.
벌레가 죽었다.

different [dífərənt] 디퍼런트

형 다른, 여러 가지의

be different from ~와 다르다

The apples are two different colors.
사과는 두 가지의 다른 색깔이다.

dig [dig] 디그 • dug

동 (땅·구멍을) 파다

The child digs in the ground.
아이가 땅을 판다.

dinner [dínər] 디너

명 저녁 식사, 만찬

The brother and sister are having dinner.
남매가 저녁을 먹고 있다.

dinosaur [dáinəsɔ̀ːr] 다이너소-어

명 공룡

Dinosaurs have a long neck.
공룡은 목이 길다.

dirty [dɚ́ːrti] 더-티

형 더러운, 지저분한

The shoes are very **dirty**.
신발이 매우 더럽다.

disappear [dìsəpíər] 디서피어

동 사라지다, 없어지다

The boy made the rabbit **disappear**.
소년이 토끼를 사라지게 했다.

disappointed [dìsəpɔ́intid] 디서포인티드

형 실망한

He was **disappointed** with
the present.
그는 선물을 보고 실망했다.

discover [diskʌ́vər] 디스커버

동 발견하다

discovery 발견

The child **discovered**
something interesting.
아이가 흥미로운 것을 발견했다.

disguise [disgáiz] 디스가이즈

명 변장   **동** 변장하다, 위장하다

in disguise 변장한

Who is that person in **disguise**?
변장한 저 사람은 누구지?

dish [diʃ] 디쉬 · dishes

명 접시, 요리

fork · dish · knife

Someone took my food
from the **dish**.

누가 접시에 있던 내 음식을 가져갔다.

dishonest [disánist] 디사니스트

형 정직하지 못한

They are both **dishonest**.

그들은 둘 다 정직하지 못하다.

disturb [distə́ːrb] 디스터-브

동 방해하다

She is **disturbing** the boy's work.

그녀가 소년의 일을 방해하고 있다.

dive [daiv] 다이브

동 뛰어들다, 다이빙하다

She will dive into the pool.

그녀는 풀장에 뛰어들 것이다.

divide [diváid] 디바이드

동 나누다

divide into ~으로 나누다

Mom divided the pizza into eight pieces.

엄마가 피자를 여덟 조각으로 나누었다.

do [du] 두 • did, done

동 ~하다, 행하다

do one's best 최선을 다하다

I did my best on the test.

나는 시험에서 최선을 다했다.

dock [dak] 닥

명 부두　동 정박하다

The ship arrived at the **dock**.
배가 부두에 도착했다.

doctor [dáktər] 닥터

명 의사, 박사

The **doctor** is checking the boy.
의사 선생님이 소년을 진찰하고 있다.

dog [dɔːg] 도-그

명 개

The **dog's** house is too small.
개집이 너무 작다.

doll [dal] 달

명 인형

The girl is playing with her **dolls**.
소녀가 인형을 가지고 놀고 있다.

dollar [dálər] 달러

명 달러 (미국의 화폐 단위)

The **dollar** is money in the U.S.
미국에서는 달러가 돈이다.

dolphin [dálfin] 달핀

명 돌고래

The **dolphin** can swim well.
돌고래는 수영을 잘할 수 있다.

door [dɔːr] 도-어

명 문, 문짝

Anyone can use the red **door**.
누구든 빨간색 문을 이용할 수 있다.

dot [dat] 닷

dot

명 점

There are **dots** on a dice.
주사위에 점들이 찍혀 있다.

double [dʌ́bl] 더블

형 두 배의, 2인용의

The ice cream on the left
is **double** in size.
왼쪽에 있는 아이스크림은 크기가 두 배이다.

down [daun] 다운

부 아래로 　　**형** 아래로의

go down 내려가다

The toy train is going **down**.

장난감 기차가 내려가고 있다.

dragon [drǽgən] 드래건

명 용

The **dragon** is made of gold.

용은 금으로 만들어져 있다.

draw [drɔː] 드로- • drew, drawn

동 그리다, ~을 끌다

She is **drawing** a picture.

그녀는 그림을 그리고 있다.

drawer [drɔ́ːər] 드로-어

명 서랍

Please close the **drawer**.

서랍을 닫아 주세요.

dream [driːm] 드리-임

명 꿈 **동** 꿈을 꾸다

Anna had a **dream** about riding a horse.

애나는 말 타는 꿈을 꿨다.

dress [dres] 드레스 • dresses

명 드레스 **동** 옷을 입다(입히다)

The girl is trying on her mother's **dress**.

소녀가 엄마 드레스를 입어 보고 있다.

drink [driŋk] 드링크 • drank, drunk

동 마시다 **명** 음료, 마실 것

Dave **drinks** a glass of milk
every morning.
데이브는 매일 아침 우유 한 잔을 마신다.

---

drive [draiv] 드라이브 • drove, driven

동 운전하다, 몰다 **명** 드라이브

The boy likes to **drive** his car.
소년은 자기 차 운전하는 것을 좋아한다.

---

driver [dráivər] 드라이버

명 운전사, 조종자

He is a truck **driver**.
그는 트럭 운전사이다.

drop [drap] 드랍 · dropped

동 떨어뜨리다　**명** 방울, 하락

drop by ~에 들르다

Ally dropped her books.
앨리가 책을 떨어뜨렸다.

drum [drʌm] 드럼

명 북, 드럼

The boy is good at playing the drums.
소년은 드럼 연주를 잘한다.

dry [drai] 드라이

형 마른, 건조한　**동** 말리다

He made his hair dry with a towel.
그는 수건으로 머리를 말렸다.

duck [dʌk] 덕

명 오리

The **duck** has beautiful color.
오리는 아름다운 색깔을 갖고 있다.

dump [dʌmp] 덤프

동 버리다

The truck **dumped** a lot of sand.
트럭이 많은 모래를 버렸다.

dust [dʌst] 더스트

명 먼지, 티끌

He brushed off the **dust**.
그는 먼지를 솔로 털었다.

dust

Ee
Ee
Ee

KEW-e
MP3

each [iːtʃ] 이-취

형 각각의   대 각자

each other 서로

Each soccer player has his number.
각 축구 선수마다 자기 번호가 있다.

eagle [íːgl] 이-글

명 독수리

Eagles have sharp eyes.
독수리는 날카로운 눈을 가졌다.

ear [iər] 이어

명 귀, 청각

He is touching his **ears**.
그는 귀를 만지고 있다.

early [ə́ːrli] 어-얼리

부 일찍　　**형** 이른

She usually gets up **early**.
그녀는 보통 일찍 일어난다.

earn [əːrn] 어-언

동 (돈을) 벌다, 얻다

When could I **earn** this much money?
난 언제 이런 많은 돈을 벌 수 있을까?

earth [əːrθ] 어-쓰

명 지구(the Earth)

The Earth is round.
지구는 둥글다.

east [iːst] 이-스트

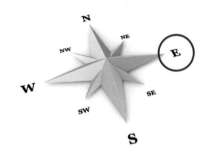

명 동쪽　**형** 동쪽의

in the east 동쪽에

Which way is east?
어느 쪽이 동쪽이니?

easy [íːzi] 이-지

형 쉬운, 간단한

The test was very easy.
시험은 매우 쉬웠다.

eat [iːt] 이-트 • ate, eaten

동 먹다, 식사하다

The cats will **eat** their food.
고양이들이 먹이를 먹을 것이다.

edge [edʒ] 에쥐

명 가장자리, 끝

Ann stood on the **edge** of the diving board.
앤은 다이빙대 가장자리에 섰다.

egg [eg] 에그

명 알, 달걀

A hen lays **eggs**.
암탉은 알을 낳는다.

Earth 지구

cave 동굴
[keiv] 케이브

coast 해안
[koust] 코우스트

desert 사막
[dézərt] 데젓

field 들판
[fiːld] 피-일드

forest 숲
[fɔːrist] 포-리스트

valley 계곡
[vǽli] 밸리

mountain 산

[máuntən] 마운턴

waterfall 폭포

[wɔ́ːtərfɔːl] 워-터포-올

lake 호수

[leik] 레익

island 섬

[áilənd] 아일런드

E

river 강

[rívər] 리버

volcano 화산

[valkéinou] 발케이노우

elbow [élbou] 엘보우

명 팔꿈치

He is bending his **elbows**.
그는 팔꿈치를 구부리고 있다.

election [ilékʃən] 일렉션

명 선거

elect 선출하다

She votes in the **election**.
그녀는 선거에서 투표를 한다.

elephant [éləfənt] 엘러펀트

명 코끼리

The **elephant** is riding a skateboard.
코끼리가 스케이트보드를 타고 있다.

eleven [ilévən] 일레번

형 11의   **명** 11

I got **eleven** colored pencils for my birthday.
나는 생일 선물로 색연필 11개를 받았다.

elf [elf] 엘프

명 요정

The **elf** is sitting on the mushroom.
요정이 버섯 위에 앉아 있다.

email [íːmeil] 이-메일

명 이메일   **동** 이메일을 보내다

I sent an **email** today.
오늘 나는 이메일을 보냈다.

empty [émpti] 엠프티

형 비어 있는, 텅 빈

One glass jar is **empty**.
유리병 하나는 비어 있다.

empty   full

end [end] 엔드

명 끝, 결말   동 끝내다

in the end 결국

Today is the **end** of the year.
오늘이 올해의 끝이다.

enemy [énəmi] 에너미 • enemies

명 적

Dogs and cats
are **enemies**.
개와 고양이는 적이다.

engine [éndʒin] 엔쥔

명 엔진, 기관

An **engine** makes a car move.
엔진은 자동차를 움직이게 한다.

England [íŋglənd] 잉글런드

명 영국, 잉글랜드

This is the flag of **England**.
이것은 영국 국기이다.

English [íŋgliʃ] 잉글리쉬

형 영어의   **명** 영어, 영국인

I can write some **English** words.
나는 영어 단어 몇 개를 쓸 수 있다.

engineer [èndʒiníər] 엔쥐니어

명 기술자, 엔지니어

They want to be engineers.
그들은 기술자가 되고 싶어 한다.

enjoy [indʒɔ́i] 인조이

동 즐기다

enjoy oneself 즐거운 시간을 보내다

She enjoys roller-skating.
그녀는 롤러스케이트 타는 것을 즐긴다.

enough [inʌ́f] 이너프

형 충분한　　**부** 충분히

There are enough jelly beans.
충분한 젤리 과자가 있다.

enter [éntər] 엔터

동 들어가다, 참가하다

The dog is **entering**
a tiny house.
개가 아주 작은 집으로 들어가고 있다.

envelope [énvəlòup] 엔벌로웁

명 봉투

I need two **envelopes**.
나는 편지 봉투 두 개가 필요하다.

equal [íːkwəl] 이-퀄

형 (수·양 등이) 같은, 동등한

The two balls are **equal**
in weight.
두 개의 공은 무게가 같다.

equator [ikwéitər] 이퀘이터

명 적도

We can see the **equator** on a globe.

지구본에서 적도를 볼 수 있다.

equator

escalator [éskəlèitər] 에스컬레이터

명 에스컬레이터

Use the **escalator** to go upstairs.

에스컬레이터를 이용해 위층으로 가라.

escape [iskéip] 이스케입

동 도망치다, 달아나다

The crab **escapes** from the basket.

게가 바구니 밖으로 도망친다.

evening [íːvniŋ] 이-브닝

명 저녁, 밤

The sun goes down
in the evening.
저녁에는 해가 진다.

every [évri] 에브리

형 모든, ~마다

every day 매일

I brush my teeth every day.
나는 매일 양치를 한다.

evil [íːvəl] 이-벌

형 사악한   명 악

She looks like an evil witch.
그녀는 사악한 마녀처럼 보인다.

example [igzǽmpl] 이그잼플

명 예, 보기

for example 예를 들면

These are examples of bad behavior.
이것은 나쁜 행동의 예이다.

excellent [éksələnt] 엑설런트

형 우수한, 뛰어난

Tom got an excellent grade.
톰은 우수한 성적을 받았다.

excited [iksáitid] 익사이티드

형 신이 난, 흥분한

I am so excited!
나는 무척 신이 나!

excuse [ikskjúːz] 익스큐-즈

동 용서하다

Excuse me. 실례합니다.

I will not excuse you.

나는 너를 용서하지 않겠다.

exercise [éksərsàiz] 엑서사이즈

동 운동하다　　명 운동, 연습

My sister exercises every day.

내 여동생은 매일 운동한다.

exit [éksit] 엑싯

명 출구　　동 나가다

Where is the exit?

출구가 어디입니까?

expect [ikspékt] 익스펙트

동 기대하다, 예상하다

The kids **expect** something great.

아이들은 대단한 것을 기대한다.

expensive [ikspénsiv] 익스펜시브

형 (값)비싼

My mom has very **expensive** jewelry.

엄마는 매우 비싼 보석을 가지고 있다.

explain [ikspléin] 익스플레인

동 설명하다

The girl **explains** something to the boy.

소녀가 소년에게 뭔가를 설명한다.

explore [iksplɔ́ːr] 익스플로-어

동 탐험하다

explorer 탐험가

She wants to **explore** the world.

그녀는 세계를 탐험하고 싶어 한다.

extra [ékstrə] 엑스트러

형 추가의, 여분의

The dog wants the **extra** bone.

개는 뼈를 추가로 원한다.

eye [ai] 아이

명 눈, 시력

She opened her left **eye** wide.

그녀는 왼쪽 눈을 크게 떴다.

KEW-f
MP3

face [feis] 페이스

명 얼굴, 표정

Every person has
a different **face**.

모든 사람은 얼굴이 다르다.

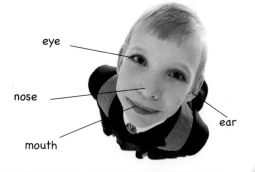

eye

nose

ear

mouth

fact [fækt] 팩트

명 사실, 진실

in fact 사실은

The news is a **fact**.

뉴스는 사실이다.

factory [fǽktəri] 팩터리 • factories

명 공장

The **factory** makes products.
공장은 물건을 만들어 낸다.

fair [feər] 페어

형 공평한　　**명** 박람회

We should be **fair** to everyone.
우리는 모두에게 공평해야 한다.

fairy [féəri] 페어리 • fairies

명 요정

I have a **fairy** princess doll.
나는 요정 공주 인형이 있다.

Face 얼굴

hair 머리카락
[heər] 헤어

eyebrow 눈썹
[áibràu] 아이브라우

eye 눈
[ai] 아이

nose 코
[nouz] 노우즈

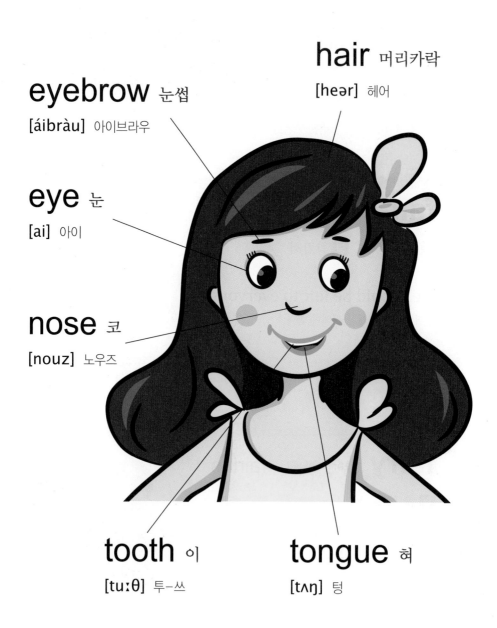

tooth 이
[tuːθ] 투-쓰

tongue 혀
[tʌŋ] 텅

forehead 이마
[fɔ́ːrhèd] 포-헤드

eyelash 속눈썹
[áilæʃ] 아이래쉬

ear 귀
[iər] 이어

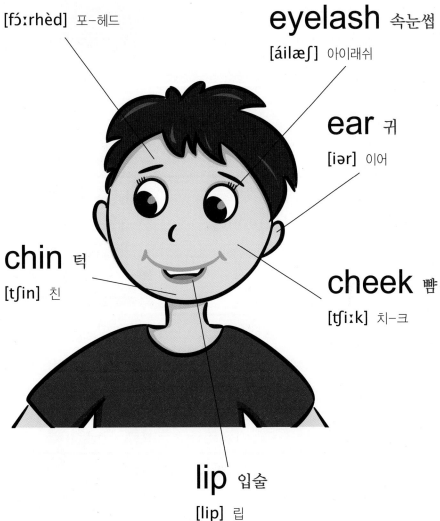

chin 턱
[tʃin] 친

cheek 빰
[tʃiːk] 치-크

lip 입술
[lip] 립

F

fall [fɔːl] 폴- • fell, fallen

동 떨어지다, 넘어지다　명 가을

fall down 넘어지다

The leaves fall all around.
낙엽이 사방으로 떨어진다.

false [fɔːls] 폴-스

형 가짜의, 틀린

She is making false money.
그녀는 가짜 돈을 만들고 있다.

family [fǽməli] 패멀리 • families

명 가족, 가문

All my family enjoy exercising.
우리 가족은 모두 운동을 즐긴다.

famous [féiməs] 페이머스

형 유명한, 이름난

be famous for ~으로 유명하다

Many people visit New York to see the **famous** statue.

많은 사람들이 유명한 조각상을 보기 위해 뉴욕을 방문한다.

far [faːr] 파-

부 멀리, 훨씬   형 먼

far away 멀리 떨어진

They are looking **far** away.

그들은 먼 곳을 보고 있다.

farm [faːrm] 파-암

명 농장

farmer 농부

My grandfather has a **farm**.

할아버지는 농장을 가지고 있다.

Family 가족

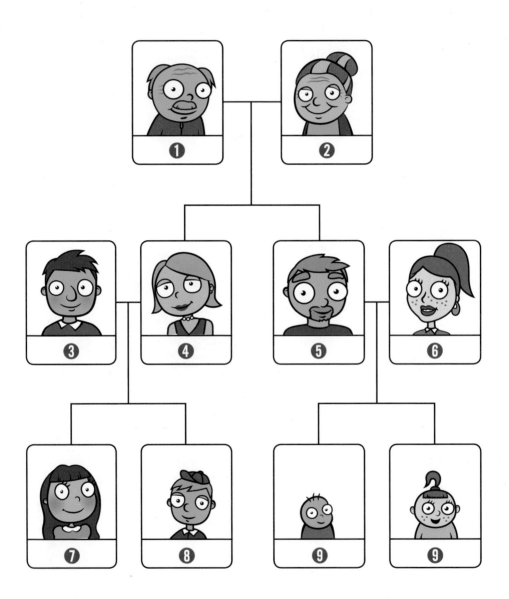

❶ grandfather 할아버지

[grǽndfɑ̀ːðər] 그랜드파-더

❷ grandmother 할머니

[grǽndmʌ̀ðər] 그랜드머더

❸ father 아버지

[fɑ́ːðər] 파-더

❹ mother 어머니

[mʌ́ðər] 머더

❺ uncle 삼촌, 아저씨

[ʌ́ŋkl] 엉클

❻ aunt 이모, 고모

[ǽnt] 앤트

❼ daughter 딸

[dɔ́ːtər] 도-터

❽ son 아들

[sʌn] 썬

❾ cousin 사촌

[kʌ́zn] 커즌

183

fast [fæst] 패스트

형 빠른　　부 빨리, 단단히

The horses are very **fast.**
말들은 매우 빠르다.

fat [fæt] 팻

형 뚱뚱한, 살찐　　명 지방

Our cat is too **fat.**
우리 고양이는 너무 뚱뚱하다.

father [fáːðər] 파-더

명 아버지

The boy is with his **father.**
소년은 아버지와 함께 있다.

father

son

fault [fɔːlt] 폴-트

명 잘못, 결점

It is the boy's **fault** he spilled the milk.
우유를 엎지른 것은 소년의 잘못이다.

favorite [féivərit] 페이버릿

형 가장 좋아하는　　명 가장 좋아하는 것

Sue is hugging her **favorite** toy.
수는 가장 좋아하는 장난감을 안고 있다.

fear [fiər] 피어

동 무서워하다　　명 공포, 두려움

She **fears** the toy snake.
그녀는 장난감 뱀을 무서워한다.

feather [féðər] 페더

명 깃털, 깃

The **feather** is soft and light.
깃털은 부드럽고 가볍다.

feed [fiːd] 피-드 • fed

동 먹이를 주다

The bird is **feeding** its babies.
새가 새끼들에게 먹이를 주고 있다.

feel [fiːl] 피-일 • felt

동 느끼다　　**명** 감촉, 느낌

I **feel** pain in my leg.
나는 다리에 통증을 느낀다.

feet [fiːt] 피-트

명 발 (foot의 복수형)

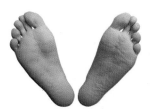

My **feet** are clean now.
내 발은 이제 깨끗하다.

female [fíːmeil] 피-메일

형 여성의   **명** 여성

male 남성의, 남성

A **female** student is holding a dumbbell.
한 여학생이 아령을 들고 있다.

fence [fens] 펜스

명 울타리

The girl is leaning on the **fence.**
소녀가 울타리에 기대고 있다.

fever [fíːvər] 피-버

명 (신체의) 열, 발열

The boy has a **fever**.
소년은 열이 있다.

few [fjuː] 퓨-

형 약간의, 거의 없는

a **few** 소수의, 몇몇

There are a **few** eggs
in the basket.
바구니 속에 몇 개의 달걀이 있다.

field [fiːld] 피-일드

명 들판, 분야 　**형** 야외의

field trip 견학

There are four trees
in the **field**.
들판에 나무 네 그루가 있다.

fierce [fiərs] 피어스

형 사나운, 격렬한

fiercely 사납게

A lion is a fierce animal.
사자는 사나운 동물이다.

fight [fait] 파잇 • fought

동 싸우다   명 싸움

The bugs are fighting.
벌레들이 싸우고 있다.

F

fill [fil] 필

동 가득 채우다

be filled with ~으로 차 있다

The basket is filled with oranges.
바구니는 오렌지로 가득 차 있다.

film [film] 필름

명 영화, 필름

People like a film.
사람들은 영화를 좋아한다.

find [faind] 파인드 • found

동 찾다, 발견하다

find out 알아내다

Mom finds her kids!
엄마가 아이들을 찾는다!

fine [fain] 파인

형 좋은, 괜찮은

Thumbs up means fine.
엄지손가락을 세우는 것은 좋다는 의미이다.

finger [fíŋgər] 핑거

명 손가락

I put eyes on my fingers.
나는 손가락에 눈을 붙였다.

finish [fíniʃ] 피니쉬

동 끝내다, 끝나다

I finished my homework.
나는 내 숙제를 끝마쳤다.

fire [faiər] 파이어

명 불, 화재

The house is now on fire.
집에 지금 불이 났다.

fire engine [fáiər endʒin] 파이어 엔진

명 소방차

Fire engines are always red.
소방차는 항상 빨간색이다.

firefighter [fáiərfaitər] 파이어파이터

명 소방관, 소방수 (=fireman)

The **firefighter** is wearing his uniform.
소방관이 유니폼을 입고 있다.

first [fəːrst] 퍼-스트

형 첫 번째의, 처음의

at first 처음에는

The **first** doll is the biggest.
첫 번째 인형이 가장 크다.

first

second

third

fish [fiʃ] 피쉬 • fish

명 물고기　　**동** 낚시하다

go fishing 낚시하러 가다

A fish jumps out of the water.
물고기가 물 밖으로 뛰어 오른다.

fist [fist] 피스트

명 주먹

Sam's fist is very strong.
샘의 주먹은 아주 강하다.

fit [fit] 핏 • fitted

동 (꼭) 맞다　　**형** 알맞은, 건강한

keep fit 건강을 유지하다

The shoes do not fit well.
신발이 잘 맞지 않는다.

fix [fiks] 픽스

동 고치다, 고정시키다

The boy is fixing his toy car.
소년이 장난감 자동차를 고치고 있다.

flag [flæg] 플래그

명 기, 깃발

I see flags from three countries.
세 나라의 국기가 보인다.

flame [fleim] 플레임

명 불길, 불꽃

The flame will be out soon.
불길이 곧 꺼질 것이다.

flashlight [flǽʃlait] 플래쉬라이트

명 손전등

The **flashlight** doesn't work.
손전등이 작동을 안 한다.

flat [flæt] 플랫

형 평평한, (타이어가) 펑크난

The trees are growing
on the **flat** field.
나무들이 평평한 들판에서 자라고 있다.

float [flout] 플로우트

동 뜨다, 떠다니다

The paper ships **float**
on the water.
종이 배들이 물 위에 떠 있다.

195

floor [flɔːr] 플로-어

명 (방의) 바닥, 층

There is nothing on the floor.
바닥에 아무것도 없다.

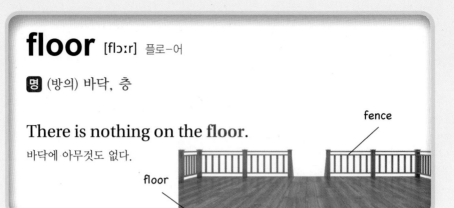

fence

floor

flour [fláuər] 플라워

명 밀가루

Flour is white.
밀가루는 하얗다.

flower [fláuər] 플라워

명 꽃, 화초

Flowers are beautiful.
꽃은 아름답다.

flu [fluː] 플루-

명 독감

She got the **flu**.
그녀는 독감에 걸렸다.

fly [flai] 플라이 • flew, flown

동 날다　　**명** 파리

The birds **fly** together.
새들은 함께 날아다닌다.

F

fold [fould] 포울드

동 접다

The girl is **folding** towels.
소녀가 수건을 개고 있다.

Flowers 꽃

morning-glory 나팔꽃
[mɔ́ːrniŋglɔ̀ːri] 모-닝글로-리

lily 백합
[líli] 릴리

cosmos 코스모스
[kázməs] 카즈머스

gypsophila 안개꽃
[dʒipsáfələ] 집사펄러

lotus 연꽃
[lóutəs] 로우터스

chrysanthemum 국화

[krisǽnθəməm] 크리샌써멈

rose 장미

[rouz] 로우즈

dandelion 민들레

[dǽndəlàiən] 댄덜라이언

tulip 튤립

[tjúːlip] 튜-울립

carnation 카네이션

[kɑːrnéiʃən] 카-네이션

sunflower 해바라기

[sʌ́nflauər] 썬플라워

follow [fálou] 팔로우

동 따라가다, 따르다

The children follow their mom.
아이들이 엄마 뒤를 따라간다.

food [fuːd] 푸-드

명 음식, 식품

There are different food groups.
여러 가지 식품군이 있다.

fool [fuːl] 푸-울

명 바보   동 속이다

foolish 어리석은

He acts like a fool.
그는 바보처럼 행동한다.

foot [fut] 풋 • feet

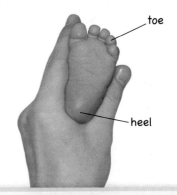

toe

heel

명 발

on foot 걸어서

What a little foot!
발이 정말 작구나!

football [fútbɔːl] 풋보-올

명 미식축구

Football players wear helmets.
미식축구 선수들은 헬멧을 쓴다.

footprint [fútprìnt] 풋프린트

명 발자국

The footprint is big.
발자국이 크다.

Foods 음식

sponge cake

카스텔라 [spʌ́ndʒ keik] 스펀쥐 케익

boiled rice 밥

[bɔ́ild rais] 보일드 라이스

cereal 시리얼

[síəriəl] 씨어리얼

steak 스테이크

[steik] 스테익

pasta 파스타

[páːstə] 파-스터

sandwich 샌드위치

[sǽndwitʃ] 쌘드위취

hamburger 햄버거
[hǽmbə̀ːrgər] 햄버-거

pizza 피자
[píːtsə] 핏-쩌

doughnut 도넛
[dóunət] 도우넛

cookie 쿠키
[kúki] 쿠키

yogurt 요구르트
[jóugərt] 요우거트

chocolate 초콜릿
[tʃɔ́ːkələt] 초-컬럿

milk 우유
[milk] 밀크

orange juice 오렌지 쥬스
[ɔ́ːrindʒ dʒuːs] 오-린쥐 쥬-스

for [fɔr] 포

전 ~을 위하여, ~ 동안

for a while 잠시 동안

This gift is for my teacher.
이 선물은 나의 선생님을 위한 것이다.

forest [fɔ́ːrist] 포-리스트

명 숲, 삼림

Let's take a walk in the forest.
숲에서 산책을 하자.

forget [fərgét] 퍼겟 • forgot, forgotten

동 잊다, 잊어버리다

He forgot what to buy.
그는 무엇을 사야할지 잊었다.

fork [fɔːrk] 포-크

명 포크, 갈퀴

The tomato is on the fork.
포크에 토마토가 있다.

forward [fɔ́ːrwərd] 포-워드

부 앞으로, 앞쪽으로

look forward to ~ing ~을 기대하다

The car is going forward.
자동차가 앞으로 가고 있다.

F

fossil [fásəl] 파설

명 화석

We can see fossils at a museum.
우리는 박물관에서 화석을 볼 수 있다.

fountain [fáuntin] 파운틴

명 분수

Water comes out of the **fountain**.
물이 분수 밖으로 나온다.

fox [faks] 팍스 • foxes

명 여우

The **fox** is smart and fast.
여우는 영리하고 빠르다.

frame [freim] 프레임

명 액자, 틀

Here is a **frame** for my painting.
여기 내 그림을 끼울 액자가 있다.

free [fri:] 프리-

형 자유로운, 무료의

set free ~을 자유롭게 해 주다

The bird is now free.

새는 이제 자유롭다.

freeze [fri:z] 프리-즈 • froze, frozen

동 얼다, 얼리다

Ice freezes around the strawberry.

딸기 주변에 얼음이 얼어 있다.

fresh [freʃ] 프레쉬

형 신선한, 새로운

Fresh vegetables are good for our health.

신선한 채소는 우리 건강에 좋다.

friend [frend] 프렌드

명 친구, 벗

They are good friends.
그들은 좋은 친구다.

friendly [fréndli] 프렌들리

형 다정한, 친절한

Sue is friendly to her dog.
수는 자기 개에게 다정하다.

frighten [fráitn] 프라이튼

동 겁나게 하다, 놀라게 하다

What is frightening them?
무엇이 그들을 겁나게 하고 있나?

frog [frɔːg] 프로-그

명 개구리

Frogs can live both in water and on land.
개구리는 물속과 땅 위 모두에서 살 수 있다.

from [frəm] 프럼

전 ~로부터, ~ 출신의

from now on 지금부터

I got a letter **from** my friend.
나는 친구로부터 편지를 한 통 받았다.

front [frʌnt] 프런트

명 앞, 정면   **형** 앞의

in front of ~의 앞에

The elephant has four toes on the **front** of its feet.
코끼리는 앞발의 발가락이 네 개다.

frost [frɔːst] 프로-스트

명 서리

Frost covers the tree.
서리가 나무를 덮고 있다.

frown [fraun] 프라운

동 눈살을 찌푸리다, 얼굴을 찡그리다
명 찌푸림, 찡그림

He frowns.
그는 눈살을 찌푸린다.

fruit [fruːt] 프루-트

명 과일, 열매

Fruit is delicious!
과일은 맛있다!

fry [frai] 프라이 • fried

동 (기름에) 튀기다, 부치다

It is easy to **fry** an egg.
달걀을 부치는 것은 쉽다.

full [ful] 풀

형 가득한, 완전한

be full of ~로 가득 차다

The box is **full** of toys.
상자는 장난감으로 가득 차 있다.

F

fun [fʌn] 펀

명 재미, 장난

funny 우스운, 재미있는

The girls are having **fun** together.
소녀들이 함께 재밌는 시간을 보내고 있다.

Fruits 과일

apple 사과
[ǽpl] 애플

cherry 체리
[ʧéri] 체리

banana 바나나
[bənǽnə] 버내너

kiwi 키위
[kíːwi] 키-위

lemon 레몬
[lémən] 레먼

melon 멜론
[mélən] 멜런

peach 복숭아
[piːʧ] 피-취

pear 배
[peər] 페어

watermelon 수박
[wɔ́ːtərmelən] 워-터멜런

peanut 땅콩
[píːnʌt] 피-넛

F

pineapple 파인애플
[páinæpl] 파인애플

walnut 호두
[wɔ́ːlnʌt] 월-넛

strawberry 딸기
[strɔ́ːbèri] 스트로-베리

fur [fəːr] 퍼-

명 털, 모피

furry 털로 덮힌

A sheep's **fur** is called wool.
양의 털을 울이라고 한다.

furniture [fəːrnitʃər] 퍼-니춰

명 가구

An office needs
a lot of **furniture**.
사무실에는 많은 가구가 필요하다.

future [fjúːtʃər] 퓨-춰

명 미래, 장래　　**형** 미래의

in the future 미래에, 앞으로

We will have jobs
in the **future**.
우리는 미래에 직업을 가질 것이다.

MP3

Gg Gg Gg

G

game [geim] 게임

명 경기, 게임

They are playing a basketball **game**.

그들은 농구 경기를 하고 있다.

garage [gərá:dʒ] 거라–쥐

명 차고

A car is parked in front of the **garage**.

차 한 대가 차고 앞에 주차되어 있다.

garden [gáːrdn] 가-든

명 정원, 뜰

The **garden** smells lovely.
정원에서 좋은 향기가 난다.

gas [gæs] 개스 • gases

명 기체, 가스

gas station 주유소

There is **gas** coming out here.
여기서 가스가 나오고 있다.

gate [geit] 게잇

명 문, 출입구

The **gate** is closed.
문이 닫혀 있다.

gather [ɡǽðər] 개더

동 모으다, 모이다

She **gathers** toy animals.
그녀는 장난감 동물을 모은다.

gentle [dʒéntl] 젠틀

형 온화한, 부드러운

The nurse is **gentle** with the baby.
간호사는 아기에게 상냥하다.

gentleman [dʒéntlmən] 젠틀먼

명 신사

The **gentleman** always reads
a newspaper.
그 신사는 항상 신문을 읽는다.

get [get] 겟 • got, gotten

동 구하다, 얻다

The bird got the food.
새가 음식을 구했다.

ghost [ghoust] 고우스트

명 유령

Ghosts float in the air.
유령은 공중에 떠다닌다.

giant [dʒáiənt] 좌이언트

명 거인

This giant is very strong.
이 거인은 아주 힘이 세다.

gift [gift] 기프트

명 선물(=present), 재능(=talent)

She has many birthday gifts.
그녀는 생일 선물을 많이 갖고 있다.

giraffe [dʒərǽf] 쥐래프

명 기린

The giraffe is standing still.
기린이 가만히 서 있다.

G

girl [gəːrl] 거-얼

명 소녀, 여자 아이

The girl looks happy.
소녀가 행복해 보인다.

give [giv] 기브 • gave, given

동 주다, 양보하다

give up 포기하다

John **gives** Pat a present.

존이 팻에게 선물을 준다.

glad [glæd] 글래드

형 기쁜, 반가운

She is **glad** to get lots of money.

그녀는 돈을 많이 받아서 기쁘다.

glass [glæs] 글래스 • glasses

명 유리, 컵, 안경(복수형)

This is made of **glass**.

이것은 유리로 만들어져 있다.

glove [glʌv] 글러브

명 장갑, 글러브

The **gloves** have a
different color on each finger.
장갑이 손가락마다 색깔이 다르다.

go [gou] 고우 • went, gone

동 가다, 떠나다

go on ~을 계속하다

Where are they **going?**
그들은 어디로 가는 중이죠?

goat [gout] 고웃

명 염소

A **goat** has horns.
염소는 뿔이 있다.

god [gad] 갓

명 신, 하느님

The man believes in God.

그 남자는 하느님을 믿는다.

gold [gould] 고울드

명 금, 금빛   **형** 금빛의

The color of **gold** is yellow.

금의 색깔은 노란색이다.

good [gud] 굿

형 좋은, 훌륭한

be good at ～에 능숙하다

They did a **good** job.

그들은 잘 해냈다.

goodbye [gùdbái] 굿바이

감 (작별 인사) 안녕　　**명** 작별 인사

The girl is saying **goodbye**.
소녀가 작별 인사를 하고 있다.

goose [guːs] 구-스 • geese

명 거위

The **goose** is white.
거위는 흰 색이다.

G

government [gʌ́vərnmənt] 거번먼트

명 정부

The building is for the American **government**.
그 건물은 미국 정부가 사용하는 곳이다.

grandparent [grǽndpeərənt] 그랜드페어런트

명 할아버지[할머니]

grandfather
grandchild
grandmother

My **grandparents** listen to me.

나의 할아버지, 할머니는 내 이야기를 들으신다.

grape [greip] 그레입

명 포도

The **grapes** look delicious.

포도가 맛있어 보인다.

grass [græs] 그래스 • grasses

명 풀, 잔디

The green **grass** grows in the soil.

땅에 푸른 풀이 자란다.

grasshopper [grǽshàpər] 그래스하퍼

명 메뚜기

The **grasshopper** is ready to jump.

메뚜기가 뛸 준비를 한다.

gray [grei] 그레이

명 회색 　　**형** 회색의

This rabbit is **gray**.

이 토끼는 회색이다.

great [greit] 그레잇

형 위대한

Napoleon was a **great** man.

나폴레옹은 위대한 인물이었다.

Napoleon

green [griːn] 그리-인

명 녹색 **형** 녹색의

My favorite color is green.
내가 가장 좋아하는 색깔은 녹색이다.

yellow
red
green
blue

grocery store [gróusəri stɔːr] 그로우서리 스토-어

명 식료품 가게

The **grocery store** sells many different things.
식료품 가게는 다양한 물건을 판다.

ground [graund] 그라운드

명 땅, 지면

The **ground** is covered with grass.
땅이 풀로 덮여 있다.

group [gruːp] 그루-웁

명 무리, 집단

Many people gathered
and made a **group**.

많은 사람들이 모여 무리를 이루었다.

grow [grou] 그로우 • grew, grown

동 자라다, 기르다

The plant is **growing** fast.

그 식물은 빨리 자라고 있다.

growl [graul] 그라울

동 으르렁거리다

The bear **growls** fiercely.

곰이 사납게 으르렁거린다.

guard [gɑːrd] 가ー드

명 근위병, 경비원　　**동** 지키다

The **guard** watches over the building.
근위병은 건물을 지킨다.

guess [ges] 게스

동 추측하다, 짐작하다　　**명** 추측

Try to **guess** where the marble is.
어디에 구슬이 있는지 추측해 봐.

guest [gest] 게스트

명 손님

Guests came to the birthday party.
손님들이 생일 파티에 왔다.

guitar [gitáːr] 기타-

명 기타

This is Brian's **guitar**.
이것은 브라이언의 기타이다.

gun [gʌn] 건

명 총

The cowboy has a **gun**.
카우보이는 총을 가졌다.

G

gym [dʒim] 쥠

명 체육관

We play basketball
in the **gym**.
우리는 체육관에서 농구를 한다.

KEW-h
MP3

habit [hǽbit] 해빗

명 습관, 버릇

He has a **habit** of touching his nose.

그는 코를 만지는 습관이 있다.

hair [heər] 헤어

명 머리(털), 머리카락

She has long **hair**.

그녀는 머리가 길다.

hairdresser [héərdrèsər] 헤어드레서

명 미용사, 헤어 디자이너

The **hairdresser** is cutting hair.

미용사가 머리를 자르고 있다.

half [hæf] 해프 • halves

명 절반

half an hour 30분

Here is a **half** an apple.

여기 사과의 절반이 있다.

hall [hɔːl] 호-올

명 강당, 홀

This **hall** is very big.

이 강당은 매우 크다.

ㅎ

Halloween [hǽlouíːn] 핼로위-인

명 핼로윈 (10월 31일 밤)

Children enjoy Halloween.
아이들은 핼로윈을 즐긴다.

ham [hæm] 햄

명 햄

The slices of ham look delicious.
햄 조각이 맛있어 보인다.

hamburger [hǽmbəːrgər] 햄버-거

명 햄버거

What a giant hamburger!
햄버거가 진짜 크다!

hammer [hǽmər] 해머

명 망치

A **hammer** is used for pounding nails.

망치는 못을 박는 데 사용된다.

hamster [hǽmstər] 햄스터

명 햄스터

Mike has two pet **hamsters**.

마이크에게는 애완용 햄스터가 두 마리 있다.

hand [hænd] 핸드

명 손, 도움

hand in hand 서로 손을 잡고

There is nothing in his **hands**.

그의 손에는 아무것도 없다.

handle [hændl] 핸들

명 손잡이. 동 다루다

The cup has a **handle**.
컵에 손잡이가 달려 있다.

handsome [hænsəm] 핸섬

형 잘생긴

The **handsome** boy wears
a necktie.
잘생긴 소년이 넥타이를 매고 있다.

hang [hæŋ] 행 • hung

동 매달리다, 걸다
hang up 전화를 끊다

They are **hanging**
on two rings.
그들은 두 개의 링에 매달려 있다.

hanger [hǽŋər] 행어

명 옷걸이

This **hanger** looks cute.
이 옷걸이는 귀여워 보인다.

happen [hǽpən] 해펀

동 일어나다, 생기다

This thing **happened** fast.
이런 일이 빨리 일어났다.

happy [hǽpi] 해피

형 행복한, 기쁜

They are **happy** because of Christmas.
그들은 크리스마스 때문에 행복하다.

hard [haːrd] 하-드

형 딱딱한, 어려운   부 열심히

A coconut has a very **hard** shell.

코코넛은 매우 딱딱한 껍질을 갖고 있다.

harm [haːrm] 하-암

명 손상, 손해   동 해를 끼치다

The **harm** was not serious.

손상이 심각하진 않았다.

harvest [háːrvist] 하-비스트

동 수확하다   명 수확

The farmer is **harvesting** rice.

농부가 벼를 수확하고 있다.

hat [hæt] 햇

명 모자

This **hat** has pretty colors.
이 모자는 색깔이 예쁘다.

hatch [hætʃ] 해취

동 부화하다, 알에서 깨어나다

The chick just **hatched**!
병아리가 방금 부화했다!

hate [heit] 헤잇

동 싫어하다, 미워하다

The boy **hates** vegetables.
소년이 채소를 싫어한다.

ㅎ

have [hæv] 해브 · had

동 가지다, 먹다

I have a toy puppy.
나는 강아지 인형을 갖고 있다.

he [hiː] 히-

대 그는, 그가

He is fat.
그는 뚱뚱하다.

head [hed] 헤드

명 머리, 지도자

She touches her head.
그녀는 머리를 만진다.

hear [hiər] 히어 • heard

동 듣다, 들리다

I can **hear** your voice.
나는 너의 목소리를 들을 수 있다.

heart [haːrt] 하-트

명 심장, 마음

by heart 외워서

Our **heart** keeps us alive.
심장은 우리의 생명을 유지시킨다.

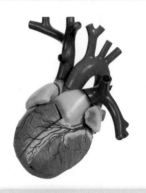

heat [hiːt] 히-트

명 열, 더위   **동** 가열하다

The fireplace gives off **heat**.
벽난로는 열을 낸다.

heavy [hévi] 헤비

형 무거운

The dumbbell is **heavy**.
그 아령은 무겁다.

heel [hiːl] 히-일

명 발뒤꿈치

The **heel** is part of the leg.
발뒤꿈치는 다리의 일부분이다.

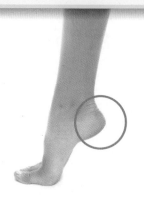

height [hait] 하잇

명 키, 높이

She is checking her **height**.
그녀는 자신의 키를 확인하고 있다.

helicopter [hélikàptər] 헬리캅터

명 헬리콥터

A **helicopter** is fast.
헬리콥터는 속도가 빠르다.

hello [helóu] 헬로우

감 (만났을 때 인사) 안녕, 여보세요   **명** 인사

The robot says **hello** to me.
로봇이 내게 인사한다.

helmet [hélmit] 헬밋

명 헬멧, 안전모

My new **helmet** is pink.
새로 산 내 헬멧은 분홍색이다.

help [help] 헬프

동 돕다　　명 도움

Jenna is **helping** her brother.
제나가 남동생을 도와주고 있다.

hen [hen] 헨

명 암탉

The **hen** is looking at the food.
암탉이 먹이를 바라보고 있다.

here [hiər] 히어

부 여기에

He is **here**.
그는 여기에 있다.

hi [hai] 하이

감 안녕(hello 보다 친근한 표현)

She is saying hi to her friend.
그녀는 친구에게 인사하고 있다.

hide [haid] 하이드 • hid, hidden

동 숨다, 감추다

The cat hides inside the pail.
고양이는 양동이 속에 숨는다.

high [hai] 하이

부 높이   **형** 높은

The man jumped high.
남자는 높이 뛰어 넘었다.

hiking [háikiŋ] 하이킹

명 도보 여행, 하이킹

They are going hiking.
그들은 도보 여행을 하려고 한다.

hill [hil] 힐

명 언덕

There is a strawberry house on the hill.
언덕 위에 딸기 집이 있다.

hit [hit] 힛 · hit

동 치다, 때리다

Tom hit the ball hard!
톰이 공을 세게 쳤다!

hold [hould] 호울드 · held

동 (손·팔 등으로) 들다, 잡다

He is **holding** a bag.
그는 보따리를 들고 있다.

hole [houl] 호울

명 구멍

There is a **hole** in her sock.
그녀의 양말에 구멍이 나 있다.

holiday [háladèi] 할러데이

명 휴일, 휴가

We travel on **holiday**.
우리는 휴일에 여행을 한다.

home [houm] 호움

명 집, 가정

This **home** is very small.

이 집은 매우 작다.

homework [hóumwə:rk] 호움워-크

명 숙제

He does not like to do his **homework**.

그는 숙제하는 것을 좋아하지 않는다.

honest [ánist] 아니스트

형 정직한, 솔직한

to be honest 솔직히 말하면

This priest is an **honest** person.

이 신부님은 정직한 분이시다.

honey [hʌ́ni] 허니

명 꿀

Honey is sweet and delicious.
꿀은 달고 맛있다.

honor [ɑ́nər] 아너

명 명예, 영광

Graduation is an **honor**.
졸업은 명예로운 것이다.

hop [hap] 합 • hopped

동 (한 발로) 깡충 뛰다   **명** 깡충 뛰기

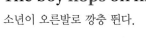

The boy **hops** on his right foot.
소년이 오른발로 깡충 뛴다.

hope [houp] 호웁

동 희망하다, 바라다　**명** 희망

They **hope** to grow up fast.
그들은 빨리 자라기를 희망한다.

horn [hɔːrn] 호-온

명 뿔, (차량의) 경적

The sheep has large **horns**.
양은 큰 뿔이 있다.

horse [hɔːrs] 호-스

명 말

horse

foal

A baby **horse** is called a foal.
새끼 말을 망아지라고 부른다.

hose [houz] 호우즈

명 호스

This is a green water **hose**.
이것은 녹색 물 호스다.

hospital [háspitl] 하스피틀

명 병원

We go to the **hospital** when we are sick.
우리는 아프면 병원에 간다.

hot [hat] 핫

형 더운, 매운

On **hot** days, Norah sits outside.
더운 날, 노라는 바깥에 앉아 있다.

Hospital 병원

ambulance 구급차
[ǽmbjuləns] 앰뷸런스

doctor 의사
[dáktər] 닥터

shot 주사
[ʃat] 샷

nurse 간호사
[nəːrs] 너-스

gauze 거즈
[gɔːz] 고-즈

bandage 붕대
[bǽndidʒ] 밴디쥐

medical mask 마스크
[médikəl mæsk] 메디컬 매스크

blood pressure gauge 혈압기
[blʌd preʃər geidʒ] 블러드 프레셔 게이쥐

thermometer 체온계
[θərmámətər] 써마머터

crutch 목발
[krʌtʃ] 크러취

pill 알약
[pil] 필

ㅍ

hot dog [háːt dɔːg] 핫- 도-그

명 핫도그

I like ketchup on my **hot dog**.
나는 핫도그에 케첩 뿌린 것을 좋아한다.

hotel [houtél] 호우텔

명 호텔

We stayed at this **hotel**.
우리는 이 호텔에 묵었다.

hour [auər] 아워

명 시간, 시각

5 minutes   15 minutes

A day has 24 **hours**.
하루는 24시간이다.

30 minutes   1 hour
= 60 minutes

house [haus] 하우스

명 집

The **house** has a gray roof.
그 집은 지붕이 회색이다.

housewife [háuswàif] 하우스와이프 • housewives

명 주부

The **housewife** is looking at a cookbook.
주부가 요리책을 보고 있다.

how [hau] 하우

부 어떻게, 얼마나

The boy shows **how** to dance.
소년이 어떻게 춤을 추는지 보여준다.

ㅎ

House 집

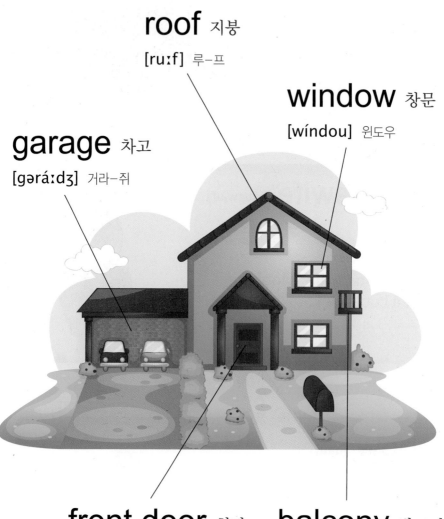

roof 지붕
[ruːf] 루-프

window 창문
[wíndou] 윈도우

garage 차고
[gərάːdʒ] 거라-쥐

front door 현관
[frʌ́nt dɔːr] 프런트 도-어

balcony 발코니
[bǽlkəni] 밸커니

bedroom 침실

[bédrùːm] 베드루-움

kitchen 부엌

[kítʃin] 키췬

living room 거실

[líviŋ ruːm] 리빙 루-움

dining room 식당

[dáiniŋ ruːm] 다이닝 루-움

bathroom 화장실

[bǽθrùːm] 배쓰루-움

ㅗ

255

hug [hʌg] 허그 • hugged

동 껴안다　　명 포옹

A girl is **hugging** a cat.
한 소녀가 고양이를 껴안고 있다.

huge [hjuːdʒ] 휴-쥐

형 거대한

The boy got a **huge** teddy bear as a gift.
소년은 거대한 곰 인형을 선물로 받았다.

human [hjúːmən] 휴-먼

형 인간의

The **human** body grows.
인간의 몸은 성장한다.

hundred [hʌ́ndrəd] 헌드러드

명 백, 100　　**형** 100의

One **hundred** pennies
make one dollar.
백 개의 페니는 1달러이다.

hungry [hʌ́ŋgri] 헝그리

형 배고픈

The babies are often **hungry**.
아기들은 자주 배가 고프다.

hunt [hʌnt] 헌트

동 사냥하다　　**명** 사냥

The bird **hunts**
the rabbit.
새가 토끼를 사냥한다.

hurry [hə́ːri] 허-리 • hurried

동 서두르다   명 서두름

in a hurry 급히, 서둘러

He has to **hurry** to catch the train.

기차를 타려면 그는 서둘러야 한다.

---

hurt [həːrt] 허-트 • hurt

동 다치다, 다치게 하다
형 다친

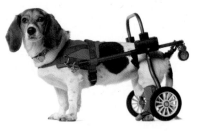

The dog **hurt** its back leg.

개는 뒷다리를 다쳤다.

---

husband [hʌ́zbənd] 허즈번드

명 남편

wife
husband

They are **husband** and wife.

그들은 부부다.

Ii

Ii

I

I [ai] 아이

대 나는, 내가

I am Amy.
나는 에이미이다.

ice [ais] 아이스

명 얼음

There are many ice cubes.
각얼음이 많이 있다.

ice cream [áis kriːm] 아이스 크리-임

명 아이스크림

I love ice cream.
나는 아이스크림을 무척 좋아한다.

idea [aidíːə] 아이디-어

명 생각, 아이디어

An idea came to his mind.
한 가지 생각이 그의 마음속에 떠올랐다.

if [if] 이프

접 만약 ~라면, ~인지

If it rains, he is sad.
비가 오면, 그는 슬프다.

ill [il] 일

형 아픈, 병든

The little girl feels ill.
어린 소녀가 아프다.

important [impɔ́ːrtənt] 임포-턴트

형 중요한

A seat belt is important.
안전벨트는 중요하다.

in [in] 인

전 ~ 안에, ~에서

I found my cat in a bag.
나는 가방 안에 있는 내 고양이를 발견했다.

inch [intʃ] 인취 • inches

명 인치(길이의 단위)

1 inch ≒ 2.54cm

The apple is 7 inches round.
사과는 둘레가 7인치다.

ink [iŋk] 잉크

명 잉크

The jar is filled with ink.
병에 잉크가 가득 담겨 있다.

insect [ínsekt] 인섹트

명 곤충, 벌레

Insects have many different types.
곤충에는 여러 종류가 있다.

inside [ìnsáid] 인사이드

명 안(쪽)　**전** ~의 안에

The dog likes the inside of the bag.

개가 가방 안을 좋아한다.

instrument [ínstrəmənt] 인스트러먼트

명 악기, 기구

There are instruments on the chairs.

악기들이 의자 위에 있다.

Internet [íntərnet] 인터넷

명 인터넷

The Internet can show us the world.

인터넷은 우리에게 세상을 보여줄 수 있다.

Insects 곤충, 벌레

bee 벌
[biː] 비-

ant 개미
[ænt] 앤트

fly 파리
[flai] 플라이

butterfly 나비
[bʌ́tərflài] 버터플라이

moth 나방
[mɔːθ] 모-쓰

beetle 딱정벌레
[bíːtl] 비-틀

dragonfly 잠자리
[drǽgənflai] 드래건플라이

ladybug 무당벌레
[léidibʌg] 레이디벅

mantis 사마귀
[mǽntis] 맨티스

mosquito 모기
[məskíːtou] 머스키-토우

cicada 매미
[sikéidə] 시케이더

grasshopper 메뚜기
[grǽshàpər] 그래스하퍼

interest [íntrəst] 인트러스트

명 관심, 흥미 　**동** ~의 관심을 끌다

be interested in ~에 관심이 있다

I have an **interest** in cameras.

나는 카메라에 흥미가 있다.

into [íntu] 인투

전 ~안으로, ~속에

Santa Claus is going **into** the chimney.

산타 클로스가 굴뚝 안으로 들어가고 있다.

introduce [ìntrədjúːs] 인트러듀-스

동 소개하다

Let me **introduce** myself.

제 소개를 하겠습니다.

inventor [invéntər] 인벤터

명 발명가

invent 발명하다

**Thomas Edison was
a great inventor.**
토마스 에디슨은 위대한 발명가였다.

Thomas Edison

iron [áiərn] 아이언

명 다리미, 철

**The child has an iron
in her hand.**
아이가 손에 다리미를 들고 있다.

island [áilənd] 아일랜드

명 섬

**The island has
a tall peak.**
섬에는 높은 봉우리가 있다.

Jj

Jj

KEW-j
MP3

jacket [dʒǽkit] 재킷

명 재킷

He will wear a jacket.
그는 재킷을 입을 것이다.

jam [dʒæm] 잼

명 잼

I like jam.
나는 잼을 좋아한다.

jar [dʒɑːr] 자-

명 (입구가 넓은) 병, 단지

There are toy cars in the jar.
병 안에 장난감 자동차들이 있다.

jeans [dʒiːnz] 지-인즈

명 청바지

I like jeans.
나는 청바지를 좋아한다.

jet [dʒet] 젯

명 제트기

The jet is flying in the sky.
제트기가 하늘을 날고 있다.

jewel [dʒúːəl] 쥬-얼

명 보석

The ring has many jewels.
반지에 보석이 많다.

job [dʒab] 잡

명 직업, 일

There are different kinds of jobs.
다양한 종류의 직업이 있다.

jog [dʒag] 쟈그 · jogged

동 천천히 달리다[조깅하다]

jogging 조깅

She jogs for exercise.
그녀는 운동을 위해 조깅한다.

join [dʒɔin] 조인

동 함께하다, 참여하다

The four people
joined the team.
네 명의 사람이 팀에 합류했다.

juggle [dʒʌgl] 저글

동 공중 던지기하다, 저글링하다

The clown can **juggle**.
광대는 저글링을 할 수 있다.

juice [dʒuːs] 쥬-스

명 주스

Orange **juice** is my favorite drink.
오렌지 주스는 내가 제일 좋아하는 음료수다.

Jobs 직업

actor 배우
[ǽktər] 액터

artist 화가
[áːrtist] 아-티스트

farmer 농부
[fáːrmər] 파-머

police officer 경찰관
[pəlíːs aːfisər] 펄리-스 아-피서

carpenter 목수
[káːrpəntər] 카-펀터

firefighter 소방관
[fáiərfaitər] 파이어파이터

pilot 조종사
[páilət] 파일럿

soldier 군인
[sóuldʒər] 쏘울져

teacher 교사
[tíːtʃər] 티-쳐

mailman 우체부
[méilmæn] 메일맨

baker 제빵사
[béikər] 베이커

jump [dʒʌmp] 점프

동 뛰다, 점프하다

jump rope 줄넘기

The boy enjoys jumping.
그 소년은 점프하는 것이 즐겁다.

jungle [dʒʌ́ŋgl] 정글

명 밀림, 정글

The jungle has many kinds of plants.
밀림에는 많은 종류의 식물이 있다.

just [dʒʌst] 저스트

부 방금, 바로

The couple just got married.
그 커플은 방금 결혼했다.

Kk

Kk

Kk

KEW-k
MP3

kangaroo [kæŋgərúː] 캥거루-

명 캥거루

A **kangaroo** is a tall animal.
캥거루는 키가 큰 동물이다.

keep [kiːp] 키-프 • kept

동 계속하다, 유지하다

He **keeps** standing on one foot.
그는 한 발로 계속 서 있다.

ketchup [kétʃəp] 케첩

명 케첩

There is **ketchup** on French fries.

프렌치 프라이 위에 케첩이 뿌려져 있다.

kettle [kétl] 케틀

명 주전자

The **kettle** is green in color.

주전자 색깔은 초록색이다.

key [kiː] 키-

명 열쇠, 키   형 중요한

This is the **key** to my house.

이것은 우리 집 열쇠다.

kick [kik] 킥

동 차다　　**명** 차기

He **kicked** the ball away.
그가 공을 멀리 찼다.

kid [kid] 키드

명 아이(=child)

The **kid** can brush his teeth.
아이는 이를 닦을 수 있다.

kill [kil] 킬

동 죽이다, 목숨을 빼앗다

Lions **killed** a giraffe.
사자들이 기린을 죽였다.

kind [kaind] 카인드

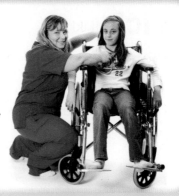

형 친절한　　**명** 종류

The nurse is very kind to me.
간호사는 내게 매우 친절하다.

king [kiŋ] 킹

명 왕

The king is riding a horse.
왕이 말을 타고 있다.

kingdom [kíŋdəm] 킹덤

명 왕국

There is a big castle in the kingdom.
왕국에는 큰 성이 하나 있다.

kiss [kis] 키스

동 입을 맞추다, 키스하다   **명** 입맞춤

The girls **kiss** their mom.
소녀들이 엄마에게 키스한다.

kitchen [kítʃin] 키친

명 부엌, 주방

My mom is in the **kitchen**.
엄마가 부엌에 계신다.

kite [kait] 카잇

명 연

The boy flies a **kite**.
그 소년은 연을 날린다.

Kitchen 부엌

cupboard 찬장
[kʌ́bərd] 커버드

bowl 그릇
[boul] 보울

cup 컵
[kʌp] 컵

dish 접시
[diʃ] 디쉬

fork 포크
[fɔːrk] 포-크

kettle 주전자
[kétl] 케틀

cutting board 도마
[kʌ́tiŋ bɔːrd] 커팅 보-드

pan 프라이팬
[pæn] 팬

rice cooker 밥솥
[ráis kukər] 라이스 쿠커

ladle 국자
[léidl] 레이들

microwave 전자레인지
[máikrəweiv] 마이크러웨이브

blender 믹서기
[bléndər] 블렌더

toaster 토스터
[tóustər] 토우스터

refrigerator 냉장고
[rifrídʒərèitər] 리프리저레이터

kitten [kítn] 키튼

명 새끼 고양이

The gray **kitten** is cute.

회색 새끼 고양이가 귀엽다.

knee [niː] 니-

명 무릎

The girl is putting her hands on her **knees**.

소녀가 손을 무릎 위에 대고 있다.

knife [naif] 나잎 • knives

명 칼

A **knife** is used for cutting.

칼은 자르는 데 사용된다.

knock [nak] 낙

동 두드리다, 노크하다

A man is **knocking** on the door.
한 남자가 문을 두드리고 있다.

know [nou] 노우 • knew, known

동 알다

She **knows** the answer.
그녀는 답을 알고 있다.

koala [kouáːlə] 코우아–알러

명 코알라

Koalas are cute animals.
코알라는 귀여운 동물이다.

KEW-I
MP3

ladder [lǽdər] 래더

명 사다리

The boy is climbing the ladder.
소년이 사다리를 오르고 있다.

lady [léidi] 레이디 • ladies

명 숙녀, 아가씨

The lady is waiting for someone.
숙녀가 누군가를 기다리고 있다.

ladybug [léidibʌg] 레이디벅

명 무당벌레

The **ladybug** is on the flower.
무당벌레가 꽃 위에 있다.

lake [leik] 레익

명 호수

There are trees around the **lake**.
호수 주변에 나무들이 있다.

lamb [læm] 램

명 어린 양

sheep

lamb

The two **lambs** are with their mom.
새끼 양 두 마리가 어미와 함께 있다.

lamp [læmp] 램프

명 등, 램프

The **lamp** is turned on.
램프에 불이 켜져 있다.

land [lænd] 랜드

명 육지, 땅   **동** 착륙하다

land

ocean

The Earth has **land** and ocean.
지구에는 육지와 바다가 있다.

language [læŋgwidʒ] 랭귀쥐

명 언어

People use **language.**
사람은 언어를 사용한다.

lantern [læntərn] 랜턴

명 랜턴, 손전등

A lantern is useful at night.
랜턴은 밤에 유용하다.

lap [læp] 랩

명 무릎

The children sit on their father's lap.
아이들이 아빠 무릎 위에 앉아 있다.

large [laːrdʒ] 라-쥐

형 큰, 넓은

The boy is wearing large boots.
소년이 큰 부츠를 신고 있다.

last [læst] 래스트

형 마지막의, 지난 　동 계속하다

at last 마침내, 결국

Here is the last egg.
여기 마지막 달걀이 있다.

late [leit] 레잇

부 늦게 　형 늦은

She came home late.
그녀는 집에 늦게 왔다.

laugh [læf] 래프

동 웃다

laugh at ～을 비웃다

He laughs out loud.
그는 큰 소리로 웃는다.

launch [lɔːntʃ] 로-온취

동 발사하다

The rocket was **launched** into space.

로켓이 우주로 발사되었다.

laundry [lɔːndri] 로-온드리 • laundries

명 세탁물, 세탁소

do the laundry 빨래하다

She is carrying the **laundry**.

그녀는 세탁물을 나르고 있다.

law [lɔː] 로-

명 법

We have to follow **laws**.

우리는 법을 따라야 한다.

lawn [lɔːn] 로-온

명 잔디, 잔디밭

lawn mower 잔디 깎는 기계

The boy is lying on the lawn.

소년이 잔디 위에 누워 있다.

lawyer [lɔ́ːjər] 로-여

명 변호사

My aunt is a lawyer.

우리 이모는 변호사다.

lazy [léizi] 레이지

형 게으른

This man is always tired and lazy.

이 남자는 항상 피곤하고 게으르다.

lead [liːd] 리-드 · led

동 이끌다, 안내하다

leader 지도자

The big fish **leads**
the other ones.

큰 물고기가 다른 물고기들을 이끈다.

leaf [liːf] 리-프 · leaves

명 잎

These are autumn **leaves**.

이것들은 가을 단풍잎이다.

leak [liːk] 리-크

동 (액체 · 기체가) 새다

Water is **leaking** from the bottle.

물병에서 물이 새고 있다.

learn [ləːrn] 러-언

동 배우다, 알게 되다

I learn to play the piano.
나는 피아노를 배운다.

leave [liːv] 리-브 · left

동 떠나다, 남기다   **명** 휴가

leave for ～을 향해 떠나다

She will leave for England.
그녀는 영국으로 떠날 것이다.

left [left] 레프트

명 왼쪽   **부** 왼쪽으로

The arrow points left.
화살표가 왼쪽을 가리키고 있다.

leg [leg] 레그

명 다리

He raises his leg.
그는 다리를 들고 있다.

lemon [lémən] 레먼

명 레몬

Lemons are yellow.
레몬은 노란색이다.

lesson [lésn] 레슨

명 수업, 교훈

She takes violin lessons.
그녀는 바이올린 수업을 받는다.

let [let] 렛 • let

동 ~하게 하다, 시키다

My mom **let** me have
a hamburger.

엄마가 햄버거를 먹게 해주었다.

letter [létər] 레터

명 편지, 글자

There are many **letters**
in the mailbox.

우체통에는 편지가 많다.

lettuce [létis] 레티스

명 상추

Lettuce is good for our health.

상추는 우리의 건강에 좋다.

library [láibrèri] 라이브레리 · libraries

명 도서관

librarian 도서관 사서

There are many books in the library.

도서관에는 많은 책들이 있다.

lick [lik] 릭

동 핥다

The dog is licking the boy's face.

개가 소년의 얼굴을 핥고 있다.

lid [lid] 리드

명 뚜껑, 덮개

The lid is open.

뚜껑이 열려 있다.

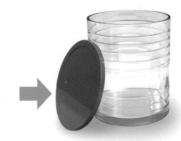

lie [lai] 라이

동 거짓말하다　명 거짓말

tell a lie 거짓말을 하다

When he **lies**, his nose gets long.

그가 거짓말 할 땐, 코가 길어진다.

lift [lift] 리프트

동 들어 올리다

A girl is **lifting** two dumbbells.

한 소녀가 아령 두 개를 들어 올리고 있다.

light [lait] 라잇

명 빛　형 가벼운

The sun gives us **light**.

태양은 우리에게 빛을 준다.

lighthouse [láithaus] 라잇하우스

명 등대

The **lighthouse** is red in color.
등대의 색깔은 빨갛다.

like [laik] 라익

동 좋아하다   **전** ~처럼

would like to + 동사원형 ~을 하고싶다

He **likes** video games.
그는 비디오 게임을 좋아한다.

limit [límit] 리밋

명 한계, 제한   **동** 제한하다, 한정하다

The speed **limit** is 25 miles.
제한 속도는 25마일이다.

line [lain] 라인

명 선, 줄

She is drawing a line.
그녀가 선을 긋고 있다.

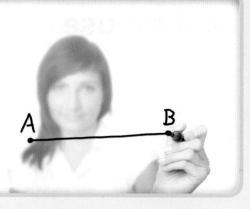

lion [láiən] 라이언

명 사자

The lion is the king of the jungle.
사자는 밀림의 왕이다.

lion
lioness
cub

lip [lip] 립

명 입술

She is putting her finger to her lips.
그녀는 입술에 손가락을 대고 있다.

liquid [líkwid] 리퀴드

명 액체　　**형** 액체의

I see three different kinds of **liquid**.
세 가지 다른 종류의 액체가 보인다.

list [list] 리스트

명 목록, 리스트

My mother wrote a shopping **list**.
어머니가 쇼핑 목록을 작성했다.

listen [lísn] 리슨

동 듣다

listen to ~을 듣다

He **listens** to music.
그는 음악을 듣는다.

little [lítl] 리틀

형 작은, 거의 없는

a little 조금 있는, 약간

The little cat is inside the cup.
작은 고양이가 컵 안에 있다.

live [liv] 리브

동 살다

life 삶, 생명

The cat lives in the basket.
고양이는 바구니 안에서 산다.

lock [lak] 락

명 자물쇠   **동** 잠그다

The key is in the lock.
열쇠가 자물쇠 안에 있다.

log [lɔ(ː)g] 로-그

명 통나무

The **log** is very heavy.
통나무는 매우 무겁다.

long [lɔːŋ] 로-옹

형 긴　**부** 오래

The pencil below
is **longer**.
아래에 있는 연필이 더 길다.

look [luk] 룩

동 보다

look after　~을 돌보다

The boy is **looking** at his father.
소년이 아빠를 보고 있다.

loose [luːs] 루-스

형 헐렁한, 느슨한

The boy's clothes are too loose.

소년의 옷은 너무 헐렁하다.

lose [luːz] 루-즈 • lost

동 잃다, 지다

He loses his keys often.

그는 열쇠를 자주 잃어버린다.

lost [lɔːst] 로-스트

형 (길을) 잃은, 잃어버린

The man is lost.

남자는 길을 잃었다.

302

lot [lɑːt] 라-앗

명 다량, 다수

There are a **lot** of candies.
사탕이 많다.

loud [laud] 라우드

형 소리가 큰, 시끄러운

The children call out
in a **loud** voice.
아이들이 큰 소리로 외친다.

love [lʌv] 러브

동 사랑하다　　**명** 사랑

fall in love 사랑에 빠지다

They **love** each other.
그들은 서로 사랑한다.

low [lou] 로우

형 낮은　　부 낮게

The plane is flying low.
비행기가 낮게 날고 있다.

luck [lʌk] 럭

명 운, 행운

Good luck! 행운을 빌어!

A clover is a symbol of luck.
클로버는 행운의 상징이다.

lunch [lʌntʃ] 런취

명 점심 식사

I like lunch time.
나는 점심시간을 좋아한다.

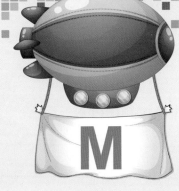

machine [məʃíːn] 머쉬-인

명 기계

My pocket watch is
a tiny **machine**.
내 회중시계는 작은 기계이다.

mad [mæd] 매드

형 미친, 화가 난
go mad 미치다

She is quite **mad**.
그녀는 아주 화가 나 있다.

magazine [mǽgəzíːn] 매거지-인

명 잡지

This **magazine** is my father's.
이 잡지는 아버지 것이다.

magic [mǽdʒik] 매직

명 마술　　형 마술의

magician 마술사

He does a **magic** trick.
그가 마술을 한다.

magnet [mǽgnit] 매그닛

명 자석

The **magnet** draws iron.
자석은 쇠를 끌어당긴다.

magnify [mǽgnifài] 매그니파이 • magnified

동 확대하다

magnifying glass 확대경

I can **magnify** the face.
나는 그 얼굴을 확대할 수 있다.

make [meik] 메익 • made

동 만들다, ~하게 하다

She is **making** a house with candy.
그녀는 사탕으로 집을 만들고 있다.

man [mæn] 맨 • men

명 남자, 사람

The **man** looks funny.
남자는 우스워 보인다.

many [méni] 메니

형 많은

There are **many** apples.
사과가 많다.

map [mæp] 맵

명 지도

The road **map** is helpful.
도로 지도는 유용하다.

march [mɑːrtʃ] 마-취

동 행진하다   명 행진

Six men are **marching**.
여섯 명의 남자가 행진하고 있다.

mark [maːrk] 마-크

명 자국, 표시　　**동** 표시하다

The paint left **marks** on his shirt.

그의 셔츠에 페인트 자국이 남았다.

market [máːrkit] 마-킷

명 시장

Let's go shopping at the **market**.

시장에 쇼핑하러 가자.

marry [mǽri] 매리 • married

동 결혼하다

The man and the woman **married**.

남자와 여자가 결혼했다.

matter [mǽtər] 매터

명 문제, 일　**동** 중요하다

as a matter of fact 사실은

What's the matter?
너 무슨 일 있니?

may [mei] 메이

조 ~일지도 모른다, ~해도 된다

May I come in?
들어가도 될까요?

meal [miːl] 미-일

명 식사

The girl is having a meal.
소녀가 식사를 하고 있다.

measure [méʒər] 메저

동 측정하다[재다]

A boy is **measuring** something.
한 소년이 무언가를 재고 있다.

meat [miːt] 미-잇

명 고기

The **meat** is on top of the lettuce.
고기가 상추 위에 놓여 있다.

medal [médl] 메들

명 메달

He won a gold **medal**.
그는 금메달을 땄다.

medicine [médisən] 메디선

명 약, 의학

Here is some medicine.
여기 약이 좀 있다.

meet [miːt] 미-잇 • met

동 만나다

The two men were happy to meet.
두 남자는 만나서 반가웠다.

melon [mélən] 멜런

명 멜론

Melons have many seeds inside.
멜론은 안에 씨가 많다.

melt [melt] 멜트

동 녹다, 녹이다

The ice cubes are **melting**.
각얼음이 녹고 있다.

---

meter [míːtər] 미-터

명 미터(길이의 단위)

1m = 100cm

If you go just 100 **meters**,
the road will end.
100미터만 가면 길이 끝날 것이다.

---

microscope [máikrəskòup] 마이크러스코웁

명 현미경

The girl is looking
through the **microscope**.
소녀가 현미경으로 보고 있다.

middle [mídl] 미들

명 한가운데, 중앙

in the middle of ~의 도중에

The arrow hit the middle of the target.

화살이 과녁 한가운데에 맞았다.

milk [milk] 밀크

명 우유, 젖

Milk is my favorite drink.

우유는 내가 좋아하는 음료이다.

million [míljən] 밀리언

명 백만

millions of 수많은

It's a one-million-dollar bill.

그것은 백만 달러 지폐이다.

minute [mínit] 미닛

명 (시간의) 분, 잠깐, 순간

15 seconds

30 seconds

A **minute** is a short time.

1분은 짧은 시간이다.

45 seconds

1 minute =
60 seconds

M

mirror [mírər] 미러

명 거울

I have a hand **mirror**.

나는 손거울을 가지고 있다.

Miss [mis] 미스

명 (결혼하지 않은 여자) ~ 양

Miss Grace is a teacher.

그레이스 양은 선생님이다.

mistake [mistéik] 미스테익

📗 실수, 잘못

by mistake 실수로

The child made a mistake.
아이는 실수를 했다.

mitten [mítn] 미튼

📗 벙어리 장갑

Mittens are warm.
벙어리 장갑은 따뜻하다.

mix [miks] 믹스

📘 섞다, 혼합하다

mixture 혼합체, 혼합물

He is mixing some things.
그는 어떤 것들을 섞고 있다.

model [máːdl] 마-들

명 모형, 모델

role model 모범이 되는 사람

I have a model of a house.
나는 모형 집을 갖고 있다.

mom [mam] 맘

명 엄마(=mommy)

My mom is pretty.
우리 엄마는 예쁘다.

money [mʌ́ni] 머니

명 돈

make money 돈을 벌다

She is counting money.
그녀가 돈을 세고 있다.

monkey [mʌ́ŋki] 멍키

명 원숭이

The **monkey** is eating a banana.
원숭이가 바나나를 먹고 있다.

monster [mʌ́nstər] 만스터

명 괴물

The **monster** is big.
괴물이 크다.

month [mʌnθ] 먼쓰

명 (달력의) 달[월]

January   July
February   August
March   September
April   October
May   November
June   December

November is the 11th **month**.
11월은 열한 번째 달이다.

moon [muːn] 무-운

명 달

full moon 보름달

The moon goes around the Earth.
달은 지구 주위를 돈다.

more [mɔːr] 모-어

형 더 많은

many, much의 비교급

There is more money on the right.
오른쪽에 더 많은 돈이 있다.

morning [mɔ́ːrniŋ] 모-닝

명 아침, 오전

A fine morning came!
화창한 아침이다!

Months 달

January 1월
[dʒǽnjuèri] 재뉴에리

February 2월
[fébruèri] 페브루에리

May 5월
[mei] 메이

June 6월
[dʒuːn] 쥬-운

September 9월
[septémbər] 셉템버

October 10월
[aktóubər] 악토우버

March 3월

[maːrtʃ] 마-취

April 4월

[éiprəl] 에이프럴

July 7월

[dʒuːlái] 쥬-울라이

August 8월

[ɔ́ːgəst] 오-거스트

November 11월

[nouvémbər] 노우벰버

December 12월

[disémbər] 디셈버

mosquito [məskíːtou] 머스키-토우

명 모기

Mosquitos bite people.
모기는 사람들을 문다.

moth [mɔːθ] 모-쓰

명 나방

There are different
kinds of **moths**.
여러 종류의 나방이 있다.

mother [mʌ́ðər] 머더

명 어머니

mother

son

The **mother** is hugging her son.
어머니가 아들을 안고 있다.

motor [móutər] 모우터

명 모터, 전동기

The **motor** is red.
모터는 빨간색이다.

mountain [máuntən] 마운턴

명 산

The **mountain** is very high.
그 산은 매우 높다.

mouse [maus] 마우스 • mice

명 쥐

A **mouse** is a small animal.
쥐는 작은 동물이다.

mouth [mauθ] 마우쓰

명 입

Open your mouth.
입을 벌려라.

move [muːv] 무-브

동 움직이다, 이사하다

move out 이사를 나가다

Move the boxes carefully.
상자들을 조심스럽게 옮겨라.

movie [múːvi] 무-비

명 영화

I like action movies.
나는 액션 영화를 좋아한다.

Mr. [místər] 미스터

명 (남자의 성, 성명 앞에 붙여) ~씨, 선생

Mr. Jones is my math teacher.
존스 선생님은 우리 수학 선생님이다.

Mrs. [mísiz] 미시즈

명 (결혼한 여성의 성, 성명 앞에 붙여) ~ 부인

Mrs. Smith has two sons.
스미스 부인은 두 명의 아들이 있다.

much [mʌtʃ] 머취

형 많은, 다량의   **부** 매우, 많이

There is **much** water in the pail.
양동이에 물이 많다.

mud [mʌd] 머드

명 진흙

The shoes are covered with mud.

신발은 진흙투성이다.

muscle [mʌ́sl] 머슬

명 근육

The boy builds his muscles.

소년은 근육을 키운다.

museum [mjuːzíːəm] 뮤-지-엄

명 박물관, 미술관

This is a famous art museum.

이곳은 유명한 미술관이다.

mushroom [mʌʃruːm] 머쉬루-움

명 버섯, 양송이

The **mushrooms** look like an umbrella.

버섯들이 우산처럼 생겼다.

music [mjúːzik] 뮤-직

명 음악

He likes listening to **music**.

그는 음악 듣는 것을 좋아한다.

must [məst] 머스트

조 ~해야 한다, ~임이 틀림없다

Students **must** listen to their teacher.

학생들은 선생님 말씀을 귀담아 들어야 한다.

Music 음악

guitar 기타
[gitáːr] 기타-

violin 바이올린
[vàiəlín] 바이얼린

piano 피아노
[piǽnou] 피애노우

harp 하프
[haːrp] 하-프

xylophone 실로폰
[záiləfòun] 자일러포운

triangle 트라이앵글
[tráiæŋgl] 트라이앵글

trumpet 트럼펫

[trʌmpit] 트럼핏

horn 호른

[hɔːrn] 호-른

clarinet 클라리넷

[klærənét] 클래러넷

flute 플루트

[fluːt] 플루-웃

recorder 리코더

[rikɔ́ːrdər] 리코-더

tambourine 탬버린

[tæmbəríːn] 탬버리-인

nail [neil] 네일

명 못, 손톱

There is a hammer
and seven **nails**.
망치와 일곱 개의 못이 있다.

name [neim] 네임

명 이름, 명칭　　**동** 이름을 짓다

My **name** is Dennis.
내 이름은 데니스이다.

nap [næp] 냅

명 낮잠　　**동** 낮잠 자다

take a nap 낮잠을 자다

Santa is taking a **nap**.
산타가 낮잠을 자고 있다.

napkin [næpkin] 냅킨

명 냅킨

The knife and fork are on a **napkin**.
칼과 포크가 냅킨 위에 있다.

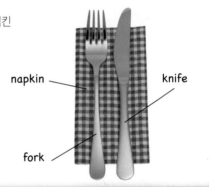

napkin

knife

fork

narrow [nǽrou] 내로우

형 좁은　　**동** 좁히다, 좁아지다

The road will become **narrow**.
길이 좁아질 것이다.

nature [néitʃər] 네이쳐

명 자연, 성격

We enjoy the beauty of nature.
우리는 자연의 아름다움을 즐긴다.

navy [néivi] 네이비 • navies

명 해군   형 남색의

The navy ship can fight at sea.
해군 군함은 바다에서 싸울 수 있다.

near [niər] 니어

전 ~ 가까이에   형 가까운

The bird is near the flowers.
새가 꽃 가까이에 있다.

neat [niːt] 니-트

형 깔끔한, 단정한

His desk is always neat.
그의 책상은 늘 깔끔하다.

neck [nek] 넥

명 목

The boy is touching his neck.
소년이 목을 만지고 있다.

need [niːd] 니-드

동 필요하다 **명** 필요

A dog needs water to drink.
개는 마실 물이 필요하다.

Nature 자연

sun 해
[sʌn] 썬

sky 하늘
[skai] 스카이

rain 비
[rein] 레인

snow 눈
[snou] 스노우

moon 달
[muːn] 무-운

cloud 구름
[klaud] 클라우드

star 별
[staːr] 스타-

wind 바람
[wind] 윈드

needle [níːdl] 니-들

명 바늘, 주사

The **needle** is long
and thin.
바늘은 길고 얇다.

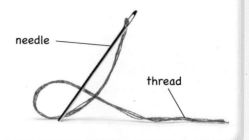

neighbor [néibər] 네이버

명 이웃 (사람)

neighborhood 동네

We are close
neighbors.
우리는 친한 이웃이다.

nest [nest] 네스트

명 둥지, 보금자리

The eggs are lying in the **nest.**
알들이 둥지에 놓여 있다.

net [net] 넷

명 그물(망)

A girl is catching butterflies with a **net**.
한 소녀가 그물망으로 나비를 잡고 있다.

never [névər] 네버

부 결코 ~않다, 절대 ~않다

She is **never** late for school.
그녀는 절대 학교에 지각하지 않는다.

new [nuː] 누-

형 새로운

I got a **new** text message.
나는 새 문자를 받았다.

newspaper [núːzpeipər] 누-즈페이퍼

명 신문

The boy reads the **newspaper**
on the bench.

소년이 벤치에서 신문을 읽는다.

next [nekst] 넥스트

형 다음의   **부** 다음에

next to ~ 바로 옆에

See you **next** time!

다음 번에 만나요!

nice [nais] 나이스

형 반가운, 좋은

It is **nice** to meet you, Mr. Henry.

헨리 씨, 만나서 반갑습니다.

night [nait] 나잇

명 밤, 야간

We see the moon
only at **night**.
우리는 밤에만 달을 본다.

no [nou] 노우

부 아니(요)　　**형** 하나도 ~ 없는

He always says "**No**!"
그는 항상 "아니요!"라고 말한다.

nobody [nóubàdi] 노우바디

대 아무도 ~ 않다[없다]

There's **nobody** inside
the theater.
극장 안에는 아무도 없다.

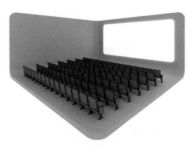

noise [nɔiz] 노이즈

명 소음, 잡음

**The boy makes noise
on the keyboard.**
소년이 키보드로 소음을 낸다.

noodle [núːdl] 누-들

명 국수, 면

I eat noodles a lot.
나는 국수를 자주 먹는다.

nor [nɔːr] 노-

부 ~도 아니다

neither ~ nor ⋯ ~도 아니고 또한 ⋯도 아니다

He is neither tall nor short.
그는 키가 크지도 작지도 않다.

noon [nuːn] 누-운

명 정오

It is **noon**.
정오다.

north [nɔːrθ] 노-쓰

명 북쪽   **형** 북쪽의

North is N on the compass.
북쪽은 나침반에서 N이다.

nose [nouz] 노우즈

명 코

The girls are pointing at their **noses**.
소녀들이 코를 가리키고 있다.

not [nat] 낫

부 ~이 아니다, ~ 않다

not at all 전혀 ~이 아니다

The sign says "Do Not Disturb."
팻말에 "방해하지 마시오."라고 쓰여 있다.

note [nout] 노웃

명 쪽지, 메모

I wrote a short note.
나는 짧은 메모를 썼다.

notebook [nóutbùk] 노웃북

명 공책

Students need notebooks.
학생들은 공책이 필요하다.

342

nothing [nʌ́θiŋ] 너씽

대 아무것도 ~ 아니다[없다]

There is **nothing** in his pockets.
그의 주머니 안에는 아무것도 없다.

notice [nóutis] 노우티스

명 안내문, 공고문
동 알아채다

There are **notices** on the board.
게시판에 안내문이 있다.

now [nau] 나우

부 지금　**명** 현재

now and then 때때로

She is studying **now**.
그녀는 지금 공부중이다.

number [nΛ́mbər] 넘버

명 숫자, 번호

They each have
a different **number**.
그들은 각각 다른 숫자를 갖고 있다.

nurse [nəːrs] 너-스

명 간호사

The **nurse** gives him a shot.
간호사가 그에게 주사를 놓는다.

nut [nΛt] 넛

명 견과

There are different
kinds of **nuts**.
여러 가지 견과류가 있다.

peanuts

brazil nuts

cashew nuts

walnuts

KEW-a
MP3

oasis [ouéisis] 오우에이시스 • oases

명 오아시스

There is water in the **oasis**.
오아시스에는 물이 있다.

obey [oubéi] 오우베이

동 시키는 대로 하다, 따르다

The dog **obeys** her command.
개가 그녀의 명령에 따른다.

ocean [óuʃən] 오우션

명 대양, 바다

land

ocean

The **ocean** is different from the land.

대양은 육지와 다르다.

o'clock [əklák] 어클락

부 ~시

three o'clock   six o'clock

We work from three **o'clock** to six **o'clock**.

우리는 3시부터 6시까지 일한다.

octopus [áktəpəs] 악터퍼스

명 문어

Octopuses have no bones.

문어는 뼈가 없다.

of [əv] 어브

전 ~의, ~중의

Tom is a member **of** the school soccer team.

톰은 학교 축구팀의 일원이다.

office [ɑ́ːfis] 아-피스

명 사무실

Many people work in the **office**.

사무실에는 많은 사람이 일한다.

often [ɔ́ːfən] 오-펀

부 자주, 흔히

I went to the gym **often** last month.

나는 지난달에 자주 체육관에 갔다.

oh [ou] 오우

감 오, 어머

Oh, no! I lost my wallet.
오 안돼! 내 지갑을 잃어버렸어.

oil [ɔil] 오일

명 (연료용 · 조리용) 기름, 석유

Cooking oil is not the same as car oil.
조리용 기름은 자동차 기름과 같지 않다.

OK [oukéi] 오우케이

형 괜찮은, 좋은(=okay)

Everything is OK!
모든 것이 괜찮다!

old [ould] 오울드

형 나이 많은, 오래된

The **old** lady is having difficulty walking.

할머니는 걷는 데 어려움을 겪고 있다.

on [aːn] 아-안

전 ~의 위에, ~에

The vase is **on** the table.

꽃병이 테이블 위에 있다.

once [wʌns] 원스

부 한 번 　 **접** 일단 ~하면

once again 한 번 더, 또 다시

Please tell me **once again**.

한 번 더 말해 주세요.

onion [ʌ́njən] 어년

명 양파

The inside of an onion is white.

양파의 속은 하얗다.

open [óupən] 오우펀

형 열려 있는   **동** 열다, 펴다

The door is open.

문이 열려 있다.

opinion [əpínjən] 어피년

명 의견, 견해

in one's opinion ~의 의견으로는

He is giving his opinion.

그는 자신의 의견을 말하고 있다.

opposite [ápəzit] 아퍼짓

형 (정)반대의, 맞은편의

The two boys face
opposite each other.

두 소년은 서로 반대 방향을 향하고 있다.

front   back

or [ɔːr] 오-

접 또는, 혹은

Will he choose the hamburger
or the lettuce?

그가 햄버거를 고를 것인가, 또는 상추를 고를 것인가?

orange [ɔ́ːrindʒ] 오-린쥐

명 오렌지

Oranges are sweet and juicy.

오렌지는 달고 즙이 많다.

Opposites 반대

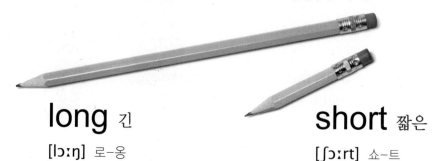

long 긴
[lɔːŋ] 로-옹

short 짧은
[ʃɔːrt] 쇼-트

old 나이가 많은
[ould] 오울드

young 나이가 어린
[jʌŋ] 영

tall 키가 큰
[tɔːl] 토-올

short 키가 작은
[ʃɔːrt] 쇼-트

clean 깨끗한
[kliːn] 클리-인

dirty 더러운
[də́ːrti] 더-티

light 밝은
[lait] 라잇

dark 어두운
[daːrk] 다-크

high 높은
[hai] 하이

low 낮은
[lou] 로우

orchestra [ɔ́ːrkəstrə] 오-커스트러

명 오케스트라

The **orchestra** is playing a song.

오케스트라는 노래 한 곡을 연주하고 있다.

ostrich [ɔ́ːstritʃ] 오-스트리취 • ostriches

명 타조

An **ostrich** is a big bird.

타조는 큰 새다.

other [ʌ́ðər] 어더

형 다른, 그 밖의

on the other hand 반면에, 한편

One apple is green, and the **other** apples are red.

하나의 사과는 녹색이고 다른 사과들은 빨간색이다.

out [aut] 아웃

부 밖으로, 밖에

The cat is coming **out** of its house.
고양이가 자기 집에서 나오고 있다.

oval [óuvəl] 오우벌

형 계란형의, 타원형의

The shape is **oval**.
모양이 타원형이다.

oven [ʌ́vən] 어번

명 오븐

Let's bake bread in the **oven**.
오븐에 빵을 굽자.

over [óuvər] 오우버

전 ~의 위에, ~을 넘어서　**부** ~ 이상

The horse jumps **over** the fence.

말은 울타리를 뛰어 넘는다.

owl [aul] 아울

명 올빼미, 부엉이

The **owl** can see well in the dark.

올빼미는 어둠 속에서도 잘 볼 수 있다.

ox [aːks] 악-스 • oxen

명 황소

An **ox** has strong horns.

황소는 뿔이 단단하다.

Pp Pp Pp

P

KEW-p
MP3

pack [pæk] 팩

명 배낭　동 (짐을) 싸다

I have everything ready for my pack.
나는 배낭에 넣을 물건을 모두 준비했다.

package [pǽkidʒ] 패키쥐

명 소포, 포장

My friend sent me a package.
친구가 내게 소포를 보냈다.

page [peidʒ] 페이쥐

명 페이지, 쪽

Please open the book to **page** 27.

책 27페이지를 펴 주세요.

pail [peil] 페일

명 양동이

The **pail** is filled with water.

양동이에 물이 가득하다.

pain [pein] 페인

명 아픔, 고통

in pain 아픈

The boy feels **pain** in his knee.

소년은 무릎이 아프다.

paint [peint] 페인트

동 (그림 물감으로) 그리다, 페인트칠하다
명 페인트, 그림 물감

A girl is **painting** a picture.
한 소녀가 그림을 그리고 있다.

pair [peər] 페어

명 한 쌍, 한 벌

A **pair** of birds are on the tree.
한 쌍의 새가 나무 위에 있다.

P

pajamas [pədʒáːməz] 퍼쟈-머즈

명 파자마, 잠옷

He wears **pajamas** at night.
그는 밤에 잠옷을 입는다.

pan [pæn] 팬

명 (한 쪽에 손잡이가 달린) 냄비, 팬

My mom uses the **pan**
to cook eggs.

엄마는 달걀을 요리할 때 팬을 이용한다.

pancake [pǽnkeik] 팬케익

명 팬케이크

Pancakes are my
favorite breakfast.

팬케이크는 내가 제일 좋아하는 아침 식사이다.

pants [pǽnts] 팬츠

명 바지

a pair of pants 바지 한 벌

These **pants** are too big for me.

이 바지는 나에게 너무 크다.

paper [péipər] 페이퍼

명 종이

a piece of paper 종이 한 장

The paper is on the wall.
종이가 벽에 붙여져 있다.

parade [pəréid] 퍼레이드

명 퍼레이드, 행렬

There are many drummers in the parade.
퍼레이드에 많은 드럼 연주자들이 있다.

pardon [páːrdn] 파-든

명 용서, 실례　　**동** 용서하다

pardon me 다시 말해 주세요

I beg your pardon.
용서해 주세요.

parent [péərənt] 페어런트

명 (복수형으로) 부모

father
mother
son

These are my **parents**.
이분들은 내 부모님이다.

park [pɑːrk] 파-크

명 공원　　**동** 주차하다

They spend time
together at the **park**.
그들은 공원에서 함께 시간을 보낸다.

parrot [pǽrət] 패럿

명 앵무새

The **parrot** is very colorful.
앵무새는 색이 매우 화려하다.

party [páːrti] 파-티 • parties

명 파티

throw a party 파티를 열다

The children had fun
at their **party**.

아이들은 파티에서 즐거운 시간을 보냈다.

pass [pæs] 패스

동 (공을) 패스하다, 합격하다

They **passed** the ball to
each other.

그들은 서로에게 공을 패스했다.

passenger [pǽsəndʒər] 패선저

명 승객, 탑승객

Some seats do not
have a **passenger**.

어떤 자리에는 승객이 없다.

passport [pǽspɔːrt] 패스포-트

명 여권

My **passport** is from America.

내 여권은 미국 여권이다.

path [pæθ] 패쓰

명 길, 경로

The **path** is covered with grass.

그 길은 잔디로 덮여 있다.

patient [péiʃənt] 페이션트

명 환자   **형** 인내심이 있는

The **patient** has a broken neck.

그 환자는 목이 부러졌다.

pattern [pǽtərn] 패턴

명 무늬, 양식

The eggs have many different **patterns**.

달걀에 여러 다양한 무늬가 있다.

paw [pɔ:] 포-

명 (동물의 발톱이 달린) 발

This is a cat's **paw**.

이것은 고양이의 발이다.

pay [pei] 페이 • paid

동 지불하다　　**명** 급료, 보수

pay back 갚다

She has to **pay** money for the groceries.

그녀는 식료품에 대한 돈을 지불해야 한다.

peace [piːs] 피-스

명 평화

in peace 편안히

The dove is a symbol of peace.
비둘기는 평화의 상징이다.

peach [piːtʃ] 피-취 • peaches

명 복숭아

pit

Let's look inside a peach.
복숭아의 내부를 보자.

peacock [píːkàk] 피-칵

명 (수컷) 공작

**A peacock's feathers
are amazing.**
공작의 깃털은 대단하다.

peanut [píːnʌt] 피-넛

명 땅콩

There are two **peanuts** in one shell.

껍질 한 개에 두 개의 땅콩이 들어 있다.

pear [peər] 페어

명 배

This **pear** tastes good.

이 배는 맛있다.

pearl [pəːrl] 퍼-얼

명 진주

The necklace is made of real **pearls**.

목걸이는 진짜 진주로 만들어져 있다.

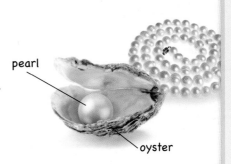

pearl

oyster

peel [piːl] 피-일

명 (채소 · 과일 등의) 껍질　동 껍질을 벗기다

I can make a long apple peel.

나는 긴 사과 껍질을 만들 수 있다.

pen [pen] 펜

명 펜

This is my dad's pen.

이것은 아빠의 펜이다.

pencil [pénsəl] 펜설

명 연필

I have lots of colored pencils.

나에게는 많은 색연필이 있다.

pencil case [pénsəl keis] 펜설 케이스

명 필통

Students need pencil cases.
학생들은 필통이 필요하다.

penguin [péŋgwin] 펭귄

명 펭귄

Penguins are funny-looking.
펭귄은 외모가 웃기다.

P

people [píːpl] 피-플

명 사람들, 국민

People usually visit their families at Christmas.
사람들은 대개 크리스마스에 가족을 방문한다.

pepper [pépər] 페퍼

명 후추

Pepper makes food taste better.

후추는 음식을 더 맛있게 한다.

person [pɔ́ːrsn] 퍼-슨

명 사람

Each **person** in my family is special.

우리 집의 한 사람 한 사람이 모두 특별하다.

pet [pet] 펫

명 애완동물

Her **pet** is on her head.

그녀의 애완동물이 그녀의 머리 위에 있다.

phone [foun] 포운

명 전화(기)(=telephone) 동 전화하다

The girl plays with the phone.
소녀는 전화기를 가지고 논다.

piano [piǽnou] 피애노우

명 피아노

I play the piano for fun.
나는 재미로 피아노를 친다.

P

pick [pik] 픽

동 따다, 고르다

pick up 들어 올리다, 줍다

She picks flowers.
그녀는 꽃을 뽑는다.

picnic [píknik] 피크닉

명 소풍

go on a picnic 소풍가다

The girl is having a picnic with her teddy bears.
소녀는 곰 인형들과 함께 소풍을 즐기고 있다.

picture [píktʃər] 픽쳐

명 사진, 그림

take a picture 사진을 찍다

Sarah drew a picture on a piece of paper.
사라는 종이에 그림을 그렸다.

pie [pai] 파이

명 파이

My mom made a pie.
엄마가 파이를 만들었다.

piece [piːs] 피-스

명 조각, 부분

He is holding a **piece** of the puzzle.
그는 퍼즐 한 조각을 들고 있다.

pig [pig] 피그

명 돼지

A baby **pig** is called a piglet.
새끼 돼지를 piglet이라 부른다.

pig

piglet

pile [pail] 파일

명 쌓아 올린 것, 더미   **동** 쌓다

The oranges lay in a **pile**
on the floor.
오렌지들이 바닥에 쌓여 있었다.

P

pill [pil] 필

명 알약

Take this **pill** when you are sick.
아프면 이 알약을 먹어라.

pillow [pílou] 필로우

명 베개

The **pillow** has blue stripes.
베개에 파란 줄무늬가 있다.

pilot [páilət] 파일럿

명 조종사, 비행사

The boy wants to be a **pilot**.
소년은 조종사가 되고 싶어 한다.

pin [pin] 핀

명 핀　**동** 꽂다, 고정시키다

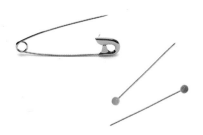

The pins are very sharp.
핀들은 매우 뾰족하다.

pine [pain] 파인

명 소나무(=pine tree)

The pine tree is always green.
소나무는 언제나 푸르다.

pink [piŋk] 핑크

명 분홍색　**형** 분홍색의

The pig is pink.
돼지는 분홍색이다.

pipe [paip] 파입

명 관, 파이프

The **pipe** is in many pieces.
파이프는 여러 조각으로 나뉘어 있다.

pirate [páirət] 파이럿

명 해적

The toy **pirate** carries a long sword.
장난감 해적은 긴 칼을 갖고 있다.

pizza [píːtsə] 핏–쩌

명 피자

The **pizza** has many toppings.
피자에 토핑이 많다.

place [pleis] 플레이스

명 장소, 곳   **동** 놓다

in place 제자리에

First **place** is in the center.
일등 자리가 중앙에 있다.

plan [plæn] 플랜

명 계획   **동** 계획하다

Jim's parents have
a **plan** to visit.
짐의 부모님은 방문 계획을 가지고 있다.

P

plane [plein] 플레인

명 비행기(=airplane)

The **plane** is flying to New York.
비행기가 뉴욕으로 날아가고 있다.

planet [plǽnit] 플래닛

명 행성

There are eight **planets** in the solar system.
태양계에는 여덟 개의 행성이 있다.

plant [plǽnt] 플랜트

명 식물, 공장 　 **동** 심다

The **plant** has green leaves.
식물에 초록 잎들이 있다.

plastic [plǽstik] 플래스틱

명 플라스틱

Let's recycle **plastic** bottles.
플라스틱 병을 재활용하자.

plate [pleit] 플레잇

명 접시

There is no food on the plate.
접시 위에 음식이 없다.

play [plei] 플레이

동 놀다, 연주하다
명 놀이, 연극

The boy likes to play
with his truck.
소년은 트럭을 가지고 노는 것을 좋아한다.

playground [pléigràund] 플레이그라운드

명 놀이터

The playground has
two long slides.
그 놀이터에는 긴 미끄럼틀이
두 개 있다.

Plants 식물

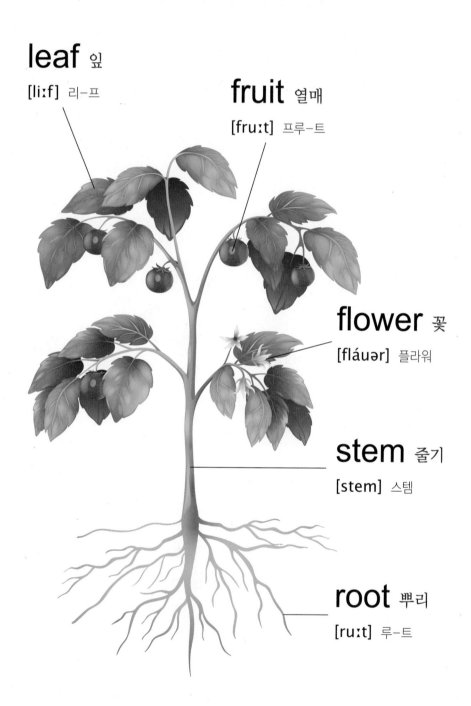

leaf 잎
[liːf] 리-프

fruit 열매
[fruːt] 프루-트

flower 꽃
[fláuər] 플라워

stem 줄기
[stem] 스템

root 뿌리
[ruːt] 루-트

seed 씨앗
[siːd] 씨-드

grass 풀
[græs] 그래스

pine 소나무
[pain] 파인

oak 떡갈나무
[ouk] 오우크

ginkgo 은행나무
[gíŋkou] 깅코우

palm 야자수
[paːm] 파-암

maple 단풍나무
[méipl] 메이플

please [pliːz] 플리-즈

감 제발, 부디   **동** 기쁘게 하다

Please help me.
제발 도와줘.

plenty [plénti] 플렌티

명 많음, 풍부

plenty of 많은

There are **plenty** of different vegetables and fruits.
다양한 채소와 과일이 많다.

plus [plʌs] 플러스

전 더하기, 플러스

One **plus** two is three.
1 더하기 2는 3이다.

pocket [pákit] 파킷

명 주머니

His **pockets** are empty.
그의 주머니는 텅 비어 있다.

point [pɔint] 포인트

명 (뾰족한) 끝, 요점 　**동** 가리키다

These tools have sharp **points**.
이 도구들은 끝이 뾰족하다.

poison [pɔ́izn] 포이즌

명 독(약)

This is a bottle of strong **poison**.
이것은 강한 독약이 담긴 병이다.

polar bear [póulər beər] 포울러 베어

명 북극곰

**Polar bears are cute,
but not friendly.**

북극곰은 귀엽지만 다정하지는 않다.

pole [poul] 포울

명 막대기, 장대

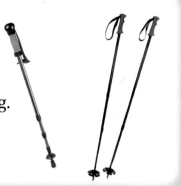

Some poles are used for skiing.

어떤 막대기는 스키 타는 데 사용된다.

police [pəlíːs] 펄리-스

명 경찰

The police officer is writing a ticket.

경찰이 교통 위반 딱지를 끊고 있다.

polite [pəláit] 펄라잇

형 공손한, 예의바른

Peter is **polite** to ladies.
피터는 숙녀들에게 공손하다.

pollute [pəlúːt] 펄루-트

통 오염시키다

pollution 오염, 공해

We must stop **polluting** the Earth.
우리는 지구를 오염시키는 것을 멈추어야 한다.

pond [pand] 판드

명 연못

There is a nice **pond** in our garden.
우리 정원에는 예쁜 연못이 있다.

P

pony [póuni] 포우니 • ponies

명 조랑말

My uncle keeps a **pony** on the farm.
우리 삼촌은 농장에서 조랑말을 키운다.

pool [puːl] 푸-울

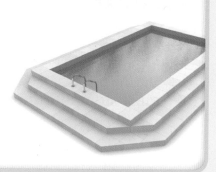

명 수영장, 웅덩이

The **pool** looks very clean.
수영장은 매우 깨끗해 보인다.

poor [puər] 푸어

형 가난한, 불쌍한
the poor 가난한 사람들

This man is **poor**.
이 남자는 가난하다.

popcorn [pápkɔ̀ːrn] 팝코-온

명 팝콘

Popcorn is a delicious snack.
팝콘은 맛있는 간식이다.

post [poust] 포우스트

명 우편, 우편물   **동** (편지를) 부치다, 발송하다

postbox 우체통(=mailbox)

Is there any post for me in the postbox?
우체통에 나에게 온 우편물이 있나요?

P

poster [póustər] 포우스터

명 포스터, 벽보

It's a movie poster.
그것은 영화 포스터이다.

postman [póustmæn] 포우스트맨

명 우편집배원(=mailman)

Our **postman** is very kind.

우리 우편집배원은 매우 친절하다.

post office [póust àːfis] 포우스트 아-피스

명 우체국

There is a **post office** in every town.

모든 도시에는 우체국이 있다.

pot [pat] 팟

명 냄비, 항아리

The soup is in the **pot**.

수프가 냄비 안에 있다.

potato [pətéitou] 퍼테이토우 • potatoes

명 감자

We use **potatoes** for many dishes.

우리는 여러 요리에 감자를 사용한다.

pound [paund] 파운드

명 파운드(무게 단위 0.454kg)
동 치다, 두드리다

I have one **pound** of vegetables.

내게 채소 1파운드가 있다.

P

pour [pɔːr] 포-어

동 붓다, 따르다

The boy is **pouring** the water into a cup.

소년이 컵에 물을 붓고 있다.

practice [prǽktis] 프랙티스

동 연습하다, 실행하다
명 연습, 실행

She practices every day.
그녀는 매일 연습한다.

pray [prei] 프레이

동 기도하다

She is praying.
그녀는 기도하고 있다.

present [명형 préznt / 동 prizént] 프레즌트 / 프리젠트

명 선물, 현재　　**동** 주다

The Christmas presents are piled high.
크리스마스 선물이 높이 쌓여 있다.

president [prézədənt] 프레저던트

명 대통령, 사장

Abraham Lincoln was a great **president**.

아브라함 링컨은 위대한 대통령이었다.

Abraham Lincoln

press [pres] 프레스

동 누르다

The boy is **pressing** the power control of the TV.

소년이 TV 전원을 누르고 있다.

P

pretty [príti] 프리티

형 예쁜   **부** 꽤, 상당히

The child is very **pretty**.

아이가 아주 예쁘다.

price [prais] 프라이스

명 가격, 값

What's the **price** of bell peppers?
피망의 가격은 얼마입니까?

prince [prins] 프린스

명 왕자

The **prince** wears fancy clothes.
왕자는 멋진 옷을 입는다.

print [print] 프린트

동 인쇄하다, 프린트를 하다

print out (프린터로) 출력하다

The new printer **prints** clearly.
새 프린터는 선명하게 인쇄해 준다.

prize [praiz] 프라이즈

명 상, 상품

Jack won first prize.
잭은 1등상을 탔다.

problem [prábləm] 프라블럼

명 문제

no problem 그럼요, 괜찮아요

The books are filled with difficult problems.
그 책들은 어려운 문제들로 가득하다.

P

program [próugræm] 프로우그램

명 프로그램, 과정

We are watching a funny program.
우리는 재미있는 프로그램을 보고 있다.

promise [prámis] 프라미스

동 약속하다　**명** 약속

I **promise** to keep it secret.
그것을 비밀로 할 것을 약속해.

propeller [prəpélər] 프러펠러

명 프로펠러

The plane has a **propeller** in front.
비행기 앞쪽에 프로펠러가 있다.

propeller

protect [prətékt] 프러텍트

동 보호하다, 지키다

protection 보호

We need to **protect** plants.
우리는 식물들을 보호해야 한다.

proud [praud] 프라우드

형 자랑스러워하는, 자부심이 강한

be proud of ~을 자랑스러워하다

She is proud of her son.

그녀는 아들을 자랑스러워한다.

prove [pruːv] 프루-브

동 증명하다, ~임이 틀림없다

proof 증거

We proved the truth with the fingerprint.

우리는 그 지문을 가지고 사실을 증명했다.

P

provide [prəváid] 프러바이드

동 제공하다, 공급하다

They provide water for the runners.

그들은 뛰는 이들에게 물을 제공한다.

pull [pul] 풀

동 끌다, 당기다

The children are
pulling the sleds.
아이들이 썰매를 끌고 있다.

pumpkin [pʌ́mpkin] 펌프킨

명 호박

Pumpkins have many
different sizes.
호박은 크기가 다양하다.

punch [pʌntʃ] 펀취

동 구멍을 뚫다, 주먹으로 치다

We punched the fake
money.
우리는 가짜 돈에 구멍을 뚫었다.

punish [pʌ́niʃ] 퍼니쉬

통 벌주다

Jane **punishes** her son.
제인은 아들에게 벌을 준다.

pupil [pjúːpəl] 퓨-펄

명 학생, 눈동자

The **pupils** are studying in the classroom.
학생들이 교실에서 공부하고 있다.

puppet [pʌ́pit] 퍼핏

명 인형, 꼭두각시

The **puppet** has a long nose.
꼭두각시는 코가 길다.

puppy [pʌ́pi] 퍼피 • puppies

명 강아지

I have a cute **puppy**.
내게는 귀여운 강아지가 한 마리 있다.

purse [pəːrs] 퍼-스

명 지갑

The coins are coming out of the **purse**.
지갑 밖으로 동전들이 나오고 있다.

push [puʃ] 푸쉬

동 밀다

The girl is **pushing** the cart.
소녀가 손수레를 밀고 있다.

KEW-q
MP3

quarrel [kwɔ́ːrəl] 쿼-럴

동 싸우다, 다투다   명 다툼, 싸움

The brother and sister **quarrel** over the toy.

남매가 장난감을 놓고 싸운다.

quarter [kwɔ́ːrtər] 쿼-터

명 4분의 1, 15분

I cut the apple into **quarters**.

나는 사과를 네 조각으로 나누었다.

queen [kwiːn] 퀴-인

명 여왕, 왕비

The **queen** is wearing a crown.
여왕이 왕관을 쓰고 있다.

question [kwéstʃən] 퀘스쳔

명 질문, 문제

They have the same **question**.
그들은 같은 질문을 가지고 있다.

quick [kwik] 퀵

형 빠른[신속한]

quickly 빨리

Tom is a **quick** delivery man.
톰은 신속한 배달원이다.

quiet [kwáiət] 콰이엇

형 조용한

You have to be **quiet** here.
여기서는 조용히 해야 한다.

quilt [kwilt] 퀼트

명 누비이불[퀼트]

My grandmother makes beautiful **quilts**.
우리 할머니는 멋진 누비이불을 만드신다.

quiz [kwiz] 퀴즈 • quizzes

명 퀴즈, 시험

The man is winning the **quiz** show.
남자가 퀴즈 쇼에서 이기고 있다.

KEW-r
MP3

rabbit [rǽbit] 래빗

명 토끼

The **rabbit** wants a carrot.

토끼는 당근을 원한다.

race [reis] 레이스

명 경주, 경기

Which car finished first in the **race**?

어떤 자동차가 경주에서 1등을 했니?

radio [réidiòu] 레이디오우

명 라디오

The **radio** is playing music.
라디오에서 음악이 연주되고 있다.

railroad [réilroud] 레일로우드

명 철길, 철도(=railway)

Two **railroads** come together.
두 개의 철길이 하나로 합쳐진다.

rain [rein] 레인

명 비   동 비가 오다

rainy 비가 오는

She is touching the **rain**.
그녀는 손으로 비를 맞고 있다.

rainbow [réinbòu] 레인보우

명 무지개

The airplane flies
below the **rainbow**.

비행기가 무지개 아래로 난다.

raincoat [réinkòut] 레인코웃

명 비옷

I have a red **raincoat**.

내게 빨간색 비옷이 있다.

rake [reik] 레익

명 갈퀴   **동** 긁어모으다

Let's use the **rake** to clean the yard.

갈퀴를 사용해 마당을 청소하자.

rat [ræt] 랫

명 (mouse보다 큰) 쥐

The rat is eating cheese.
쥐가 치즈를 먹고 있다.

reach [riːtʃ] 리-취

동 손[팔]을 뻗다, 도착하다

The girl reaches for her toy.
소녀가 장난감을 잡으려고 팔을 뻗는다.

read [riːd] 리-드 • read [red] 레드

동 읽다, 독서하다

The child reads a book with his mom.
아이가 엄마와 함께 책을 읽는다.

ready [rédi] 레디

형 준비된

They are ready to race!
그들은 경주할 준비가 됐다!

real [ríːəl] 리-얼

형 진짜의, 실제의

really 정말로

It is a real diamond.
그것은 진짜 다이아몬드다.

receive [risíːv] 리시-브

동 받다

The girl receives money from her mom.
소녀는 엄마에게 돈을 받는다.

record [통rikɔ́ːrd/명rékərd] 리코-드 / 레커드

통 녹음[녹화]하다, 기록하다　　명 음반, 기록

Oliver is **recording** his sister's actions.
올리버가 여동생의 행동을 녹화하고 있다.

red [red] 레드

명 빨간색　　형 빨간

The cherries are **red**.
체리는 빨갛다.

referee [rèfəríː] 레퍼리-

명 심판

The **referee** shows a flag.
심판이 깃발을 보여준다.

ㅈ

refrigerator [rifrídʒərèitər] 리프리져레이터

몡 냉장고(=fridge)

I keep fruits and vegetables
in the **refrigerator**.

나는 과일과 채소를 냉장고에 보관한다.

refuse [rifjúːz] 리퓨-즈

동 거절[거부]하다

The boy **refuses** to eat
vegetables.

소년은 채소 먹기를 거부한다.

remember [rimémbər] 리멤버

동 기억하다, 생각하다

He **remembers** his childhood.

그는 어린 시절을 기억한다.

repair [ripéər] 리페어

동 고치다, 수리하다　　명 수리

He can **repair** the wheel.

그는 바퀴를 고칠 수 있다.

repeat [ripíːt] 리피-트

동 반복하다, 따라하다
명 반복

Repeat after me.

나를 따라 해봐라.

rescue [réskjuː] 레스큐-

동 구조하다

The firefighter is learning to **rescue**.

소방관이 구조하는 것을 배우고 있다.

rest [rest] 레스트

동 쉬다　명 휴식, 나머지

take a rest 휴식을 취하다

The cat rests on the chair.
고양이가 의자에서 쉬고 있다.

restaurant [réstərɑːnt] 레스터란-트

명 음식점[레스토랑], 식당

**Jenny is sitting
at the restaurant.**
제니는 레스토랑에 앉아 있다.

return [ritə́ːrn] 리터-언

동 돌아오다[돌아가다]　명 반납

in return 답례로

**The toy will return to
where it started.**
장난감은 원래 있던 자리로 되돌아올 것이다.

ribbon [ríbən] 리번

명 리본, 띠

The ribbon is red.
리본이 빨갛다.

rice [rais] 라이스

명 쌀[밥]

I often eat rice.
나는 밥을 자주 먹는다.

rich [ritʃ] 리취

형 부자의, 부유한

The man is rich.
그 남자는 부자다.

ride [raid] 라이드 • rode, ridden

동 타다, 몰다　　명 타고 가기, 탈것

A boy is riding a toy horse.
한 소년이 장난감 말을 타고 있다.

right [rait] 라잇

형 오른쪽의, 옳은　　부 바로, 오른쪽으로

Turn right here.
여기서 우회전 하시오.

ring [riŋ] 링

명 반지, 고리　　동 전화하다

A diamond ring is in the ring box.
반지 상자 안에 다이아몬드 반지가 있다.

river [rívər] 리버

명 강, 하천

This **river** runs through the mountains.
이 강은 산을 통과해 흐른다.

road [roud] 로우드

명 도로[길]

The car is on the **road**.
차가 도로 위에 있다.

rob [rab] 랍 · robbed

동 털다[훔치다]

robber 강도

He just **robbed** a house.
그가 방금 집을 털었다.

robot [róubaːt] 로우바-앗

명 로봇, 인조인간

What can this robot do?
이 로봇은 무엇을 할 수 있니?

rock [raːk] 라-크

명 바위, 돌

This rock is hard to break.
이 바위는 부수기 어렵다.

rocket [ráːkit] 라-킷

명 로켓

The rocket flies up into the air.
로켓이 공중으로 날아간다.

roll [roul] 로울

동 구르다, 말다

The ball is **rolling** toward the pins.

공이 핀을 향해 굴러가고 있다.

roof [ru:f] 루-프

명 지붕

The **roof** is made of stone.

지붕은 돌로 만들어졌다.

room [ru:m] 루-움

명 방, 공간

Let me show you my **room**.

너에게 내 방을 보여 줄게.

root [ruːt] 루-트

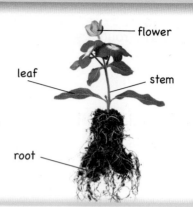

명 뿌리, 근원

This plant has deep roots.
이 식물은 뿌리가 깊다.

flower
leaf
stem
root

---

rope [roup] 로우프

명 밧줄

This is a strong rope.
이것은 튼튼한 밧줄이다.

---

rose [rouz] 로우즈

명 장미

Andy gave me a rose.
앤디가 나에게 장미 한 송이를 주었다.

round [raund] 라운드

형 둥근, 원형의

All of these things are round.

이 물건들은 모두 둥글다.

row [rou] 로우

명 열 동 노를 젓다

in a row 잇달아

Five babies are sitting in a row.

다섯 명의 아기들이 한 줄로 앉아 있다.

rub [rʌb] 럽 • rubbed

동 문지르다, 비비다

The boy is rubbing his hands together.

소년이 양손을 모아 비비고 있다.

ㅈ

rubber [rʌ́bər] 러버

명 고무

The **rubber** can stretch.
고무는 늘어날 수 있다.

rude [ruːd] 루-드

형 무례한, 버릇없는

The boy is really **rude**!
그 소년은 정말 버릇이 없다!

rug [rʌg] 러그

명 깔개, 양탄자

The woman is doing yoga
on the **rug**.
여자가 양탄자 위에서 요가를 하고 있다.

rule [ruːl] 루-울

명 규칙   **동** 지배하다

Every game has rules.
모든 경기에는 규칙이 있다.

ruler [rúːlər] 루-울러

명 자, 지배자

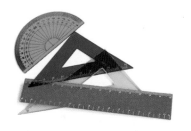

There are different shapes of rulers.
여러 가지 모양의 자가 있다.

run [rʌn] 런 • ran, run

동 달리다, 운영하다

He is running.
그는 달려가고 있다.

sad [sæd] 쌔드

형 슬픈, 안타까운

The girl looks sad.
소녀는 슬퍼 보인다.

safe [seif] 쎄이프

형 안전한, 무사한 　명 금고

Wearing a helmet keeps us safe.
헬멧을 쓰는 것이 안전하다.

sail [seil] 쎄일

명 돛 **동** 항해하다

sailor 선원

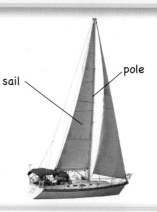

The ship has two large **sails**.

배에 큰 돛이 두 개 있다.

salad [sǽləd] 쌜러드

명 샐러드

Salad is my favorite food.

샐러드는 내가 가장 좋아하는 음식이다.

salt [sɔːlt] 쏘-올트

명 소금

There is **salt** in the little bottle.

작은 병 안에 소금이 있다.

S

same [seim] 쎄임

형 똑같은, 동일한

at the same time 동시에

The twin girls have the same face.
쌍둥이 소녀들은 얼굴이 똑같다.

sand [sænd] 쌘드

명 모래

I filled the bucket with sand.
나는 양동이를 모래로 가득 채웠다.

sandwich [sǽndwitʃ] 쌘드위취 • sandwiches

명 샌드위치

It is a very tall sandwich.
그것은 매우 긴 샌드위치다.

say [sei] 쎄이 • said

동 말하다

She said, "**Say** cheese!"
그녀는 "치즈라고 말하세요!" 라고 말했다.

school [skuːl] 스쿠-울

명 학교, 수업

after school 방과후에

The **school** has many classrooms.
그 학교에는 교실이 많다.

science [sáiəns] 싸이언스

명 과학

scientist 과학자

He likes **science** class.
그는 과학 수업을 좋아한다.

S

scissors [sízərz] 씨저즈

명 가위

She is cutting the paper with
the **scissors**.

그녀가 가위로 종이를 자르고 있다.

score [skɔːr] 스코-

명 점수, 득점   **동** 득점을 하다

The final **score** is 14-0.

최종 점수는 14대 0이다.

sculptor [skʌ́lptər] 스컬프터

명 조각가

sculpture 조각품

The **sculptor** works hard.

조각가가 열심히 일을 한다.

sea [siː] 씨-

명 바다, -해

The **sea** is wide and blue.
바다가 넓고 푸르다.

search [səːrtʃ] 써-취

동 찾다, 검색하다 **명** 찾기, 검색

He **searched** for the egg.
그가 그 달걀을 찾았다.

season [síːzn] 씨-즌

명 계절, 시기

A year has four
seasons.
일 년에 네 개의 계절이 있다.

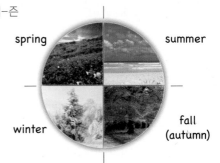

spring   summer

winter   fall
(autumn)

S

seat [siːt] 씨-트

명 좌석, 자리　　**동** 앉히다

The baby is sitting in a car seat.
아기가 자동차 어린이용 좌석에 앉아 있다.

second [sékənd] 쎄컨드

형 두 번째의, 둘째의
명 초, 잠깐

Of the four pencils,
the second one is mine.
네 개의 연필 중, 두 번째 연필이 내 것이다.

secret [síːkrit] 씨-크릿

명 비밀　　**형** 비밀의

in secret 몰래, 비밀리에

She is telling her secret
to her friend.
그녀가 친구에게 자기 비밀을 말하고 있다.

see [siː] 씨- • saw, seen

동 보다, 알다

They can see many
countries.

그들은 많은 나라를 볼 수 있다.

seed [siːd] 씨-드

명 씨, 씨앗

There are six different seeds.

여섯 가지 다른 씨앗이 있다.

seesaw [síːsɔ̀ː] 씨-소-

명 시소

There is no one playing
on the seesaw.

시소를 타는 사람이 아무도 없다.

S

sell [sel] 셀 • sold

동 팔다, 팔리다

sold out 다 팔린

They sell lemonade.
그들은 레모네이드를 판다.

send [send] 쎈드 • sent

동 보내다, 발송하다

She likes to send emails to her friends.
그녀는 친구들에게 이메일 보내는 것을 좋아한다.

serve [səːrv] 써-브

동 (음식을) 제공하다, 근무하다

The waiter serves their meal.
웨이터가 그들의 식사를 제공한다.

service [sə́ːrvis] 써-비스

명 서비스, 근무

A waiter gives people service
at a restaurant.

웨이터는 식당에서 서비스를 제공한다.

set [set] 쎗

명 세트   **동** 놓다, 맞추다

My mother gave me
a writing set.

어머니가 나에게 필기구 한 세트를 주었다.

sew [sou] 쏘우 • sewed, sewn

동 바느질하다, 꿰매다

My grandmother taught me
how to sew.

할머니가 나에게 바느질하는 방법을
가르쳐주었다.

S

shadow [ʃǽdou] 섀도우

명 그림자, 그늘

The **shadow** is very long.
그림자가 매우 길다.

shake [ʃeik] 셰익 • shook, shaken

동 흔들다, 악수를 하다

The boy is **shaking** something.
소년이 무엇인가를 흔들고 있다.

shall [ʃæl] 섈

조 ~하겠다, ~일 것이다

Shall we play baseball after school?
방과 후에 야구할까?

shape [ʃeip] 셰입

명 모양, 형태　　**동** ~ 모양으로 만들다

The blocks are
different **shapes**.

블록들이 여러 가지 모양이다.

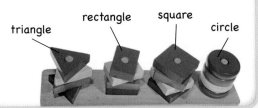

triangle　rectangle　square　circle

share [ʃeər] 셰어

동 나누다, 공유하다　　**명** 몫

They **share** a milk shake
together.

그들은 밀크셰이크를 함께 나눠 마신다.

sharp [ʃɑːrp] 샤-프

형 날카로운, 예리한

A **sharp** knife helps to
cut vegetables.

날카로운 칼은 채소를 자르는 데
도움이 된다.

S

Shapes 모양

cube 정육면체
[kjuːb] 큐-브

pyramid 각뿔
[pírəmìd] 피라미드

cone 원추형
[koun] 코운

cylinder 원기둥
[sílindər] 씰린더

sphere 구
[sfiər] 스피어

circle 동그라미
[sə́ːrkl] 써-클

oval 타원
[óuvəl] 오우벌

square 정사각형
[skweər] 스퀘어

rectangle 직사각형
[réktæŋgl] 렉탱글

rhombus 마름모
[rámbəs] 람버스

pentagon 오각형
[péntəgàn] 펜터간

hexagon 육각형
[héksəgən] 헥서건

S

sheep [ʃiːp] 쉬-프 • sheep

명 양

The **sheep** has warm fur.
양은 따뜻한 털을 가지고 있다.

sheet [ʃiːt] 쉬-트

명 시트, (종이) 한 장

The bed **sheet** is folded up.
침대 시트가 개어져 있다.

shell [ʃel] 셸

명 껍데기, 껍질

seashell 조개 껍데기

Each **shell** has a different shape.
껍데기의 모양은 각각 다르다.

shine [ʃain] 샤인 • shone

동 빛나다, 비추다

The moon **shines** brightly.
달이 밝게 빛난다.

ship [ʃip] 쉽

명 (큰) 배, 선박

by ship 배로

The **ship** is carrying goods.
배가 물건을 운반하고 있다.

shirt [ʃəːrt] 셔-트

명 셔츠

The **shirt** has a butterfly on it.
셔츠에 나비가 있다.

S

shoe [ʃuː] 슈-

명 신발(주로 복수로 씀)

We have shoes of all sizes.
우리는 모든 크기의 신발을 가지고 있다.

shoot [ʃuːt] 슈-트 • shot

동 쏘다, 발사하다

He will shoot a bird.
그는 새를 쏠 것이다.

shop [ʃap] 샵

명 가게, 상점　　**동** 사다, 쇼핑하다

shopping 쇼핑, 물건 사기

The shop is full of goods.
가게는 물건으로 가득 차 있다.

shore [ʃɔːr] 쇼-어

명 바닷가, 해변

I found a starfish on
the shore.
나는 바닷가에서 불가사리를 찾았다.

short [ʃɔːrt] 쇼-트

형 짧은, 키가 작은   **명** 반바지(주로 복수로 씀)

in short 간단히 말해

The top pencil is shorter
than the bottom one.
위의 연필이 아래 연필보다 더 짧다.

shoulder [ʃóuldər] 쇼울더

명 어깨

My dad put his hands on
my shoulders.
우리 아빠가 손으로 내 어깨를 감싸 안았다.

S

shout [ʃaut] 샤웃

동 외치다, 소리치다　　**명** 고함

The girl is shouting for joy.
소녀는 기뻐서 소리치고 있다.

show [ʃou] 쇼우 • showed, shown

동 보여 주다, 알려 주다　　**명** 쇼, 프로그램
show up 나타나다

She showed us her picture.
그녀는 우리에게 자신의 그림을 보여 주었다.

shower [ʃáuər] 샤우어

명 샤워, 소나기
take a shower 샤워하다

The baby is taking a shower.
아기가 샤워하고 있다.

shut [ʃʌt] 셧 • shut

동 닫다, 감다

I **shut** the window tight.
나는 창문을 꼭 닫았다.

shy [ʃai] 샤이

형 수줍어하는, 부끄러워하는

The girl is very **shy**.
소녀는 매우 수줍어한다.

sick [sik] 씩

형 아픈, 지겨운

He is **sick** with a headache.
그는 두통 때문에 아프다.

S

side [said] 싸이드

명 (물체의) 면, 쪽

side by side 나란히

This is one side of the block.
이것은 블록의 한쪽 면이다.

sight [sait] 싸잇

명 시력, 광경

Her sight is very good.
그녀는 시력이 매우 좋다.

sign [sain] 싸인

명 표지판, 간판   **동** 서명하다

Look at the sign.
저 표지판을 봐라.

silly [síli] 씰리

형 바보 같은, 어리석은

The man looks **silly**.

남자가 바보 같아 보인다.

silver [sílvər] 씰버

명 은   형 은색의

The magic lamp is made from **silver**.

요술 램프는 은으로 만들어져 있다.

sing [siŋ] 씽 • sang, sung

동 노래하다

singer 가수

The boy is **singing** a song.

소년이 노래하고 있다.

single [síŋgl] 씽글

형 단 하나의, 1인용의

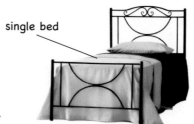
single bed

One person can sleep
on this **single** bed.

이 1인용 침대에는 한 사람만 잘 수 있다.

---

sink [siŋk] 씽크 • sank, sunk

동 가라앉다   명 씽크대

float

sink

One of the dolls is
sinking.

인형 중 한 개가 가라앉고 있다.

---

sir [sər] 써

명 손님, 선생님

May I help you, **sir?**

도와드릴까요, 손님?

sister [sístər] 씨스터

명 누나, 언니, 여동생

They are sisters.
그들은 자매이다.

sit [sit] 씻 • sat

동 앉다

The girl is sitting on the chair.
소녀가 의자 위에 앉아 있다.

size [saiz] 싸이즈

명 크기, 사이즈

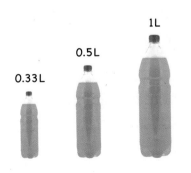

1L
0.5L
0.33L

The bottles are different sizes.
병들은 크기가 다르다.

S

skate [skeit] 스케잇

동 스케이트를 타다　명 스케이트

I enjoy skating in winter.
나는 겨울에 스케이트 타는 것을 즐긴다.

ski [ski:] 스키－

동 스키를 타다　명 스키

Skiing is a winter sport.
스키는 겨울 스포츠다.

ski

skin [skin] 스킨

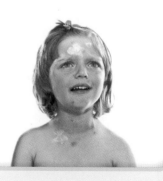

명 피부, (동물의) 껍질

There is medicine on her skin.
그녀의 피부에 약이 발라져 있다.

skirt [skə:rt] 스커-트

명 치마, 스커트

My mom bought a pink
skirt for me.

우리 엄마가 나에게 분홍색 치마를 사 주셨다.

sky [skai] 스카이

명 하늘

The **sky** is full of clouds.

하늘이 구름으로 가득하다.

sleep [sli:p] 슬리-입 • slept

동 자다   **명** 수면, 잠

The child is **sleeping** on the desk.

아이가 책상 위에서 잠자고 있다.

slide [slaid] 슬라이드

명 미끄럼틀   동 미끄러지다

It's fun to go down the slide.

미끄럼틀을 타는 것은 재미있다.

slip [slip] 슬립 · slipped

동 미끄러지다, 빠져나가다

He slipped on a banana peel.

그는 바나나 껍질을 밟고 미끄러졌다.

slow [slou] 슬로우

형 느린   부 천천히, 느리게

Snails are slow.

달팽이는 느리다.

small [smɔːl] 스모-올

형 작은, 적은

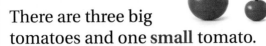

There are three big
tomatoes and one **small** tomato.

큰 토마토 세 개와 작은 토마토 한 개가 있다.

smell [smel] 스멜 • smelt(smelled)

동 냄새가 나다   명 냄새, 향

The flowers **smell** nice.

꽃에서 좋은 냄새가 난다.

smile [smail] 스마일

동 웃다, 미소 짓다   명 미소, 웃음

big smile 함박웃음

The boy is **smiling**.

소년이 웃고 있다.

S

smoke [smouk] 스모우크

명 연기　　**동** 담배를 피우다

Smoke is rising from the chimney.
굴뚝에서 연기가 나고 있다.

smooth [smuːð] 스무-드

형 매끄러운, 부드러운

The silk is very **smooth**.
실크는 아주 매끄럽다.

snail [sneil] 스네일

명 달팽이

The two **snails** are best friends.
두 마리의 달팽이는 친한 친구 사이다.

snake [sneik] 스네익

명 뱀

The **snake** has many red
and white stripes.

뱀에게는 빨간 줄무늬와 하얀 줄무늬가 많다.

snow [snou] 스노우

명 눈　　**동** 눈이 내리다

snowy 눈이 내리는

She likes to play in the **snow**.

그녀는 눈에서 노는 것을 좋아한다.

so [sou:] 쏘우–

부 정말, 매우　　**접** 그래서

The dish looks **so** delicious.

요리는 정말 맛있게 보인다.

S

soap [soup] 쏘웁

명 비누

We wash our hands with **soap.**

우리는 비누로 손을 씻는다.

soccer [sákər] 싸커

명 축구

He is good at playing **soccer.**

그는 축구를 잘 한다.

sock [sak] 싹

명 양말(주로 복수로 씀)

The **socks** are hanging on the line.

양말이 줄에 매달려 있다.

sofa [sóufə] 쏘우퍼

명 소파

The **sofa** is comfortable.

소파는 편안하다.

soft [sɔːft] 쏘-프트

형 부드러운, 연한

The feathers are **soft**.

깃털은 부드럽다.

soil [sɔil] 쏘일

명 흙, 토양

The shovel is full of **soil**.

삽에 흙이 가득하다.

soldier [sóuldʒər] 쏘울저

명 군인

He is a brave soldier.
그는 용감한 군인이다.

some [səm] 썸

형 조금, 몇몇의

some day 언젠가

We bought some potatoes.
우리는 감자를 조금 샀다.

son [sʌn] 썬

명 아들, 자식

The father and son are dressed up.
아버지와 아들이 정장을 했다.

father

son

song [sɔ́ːŋ] 쏘-옹

명 노래

sing a song 노래를 부르다

The child loves to sing a song.
아이는 노래하는 것을 정말 좋아한다.

soon [suːn] 쑤-운

부 곧, 조만간

Her sign says, "COMING SOON."
그녀의 표지판에 "곧 개봉"이라고 쓰여 있다.

sorry [sári] 싸리

형 미안한, 유감스러운

She looks so sorry for him.
그녀는 그에게 매우 미안해 보인다.

S

sound [saund] 싸운드

명 소리, 음   동 ~처럼 들리다

The instruments make nice sounds.

악기들은 좋은 소리를 낸다.

soup [su:p] 쑤-프

명 수프

I ate pumpkin soup for breakfast.

나는 아침 식사로 호박 수프를 먹었다.

sour [sauər] 싸우어

형 (맛이) 신

The lemon tastes sour.

레몬은 신맛이 난다.

south [sauθ] 싸우쓰

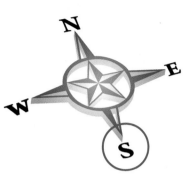

몡 남쪽, 남부　　부 남쪽으로

the South Pole 남극

Places in the **south** are warmer.

남쪽 지역은 더 따뜻하다.

space [speis] 스페이스

몡 우주, 공간

Space has planets and stars.

우주에는 행성과 별이 있다.

speak [spiːk] 스피-크 • spoke, spoken

동 이야기하다, 말하다

They are **speaking** to each other.

그들은 서로 이야기하고 있다.

Space 우주

The Solar System 태양계

[ðə sóulər sistəm] 더 쏘울러 씨스텀

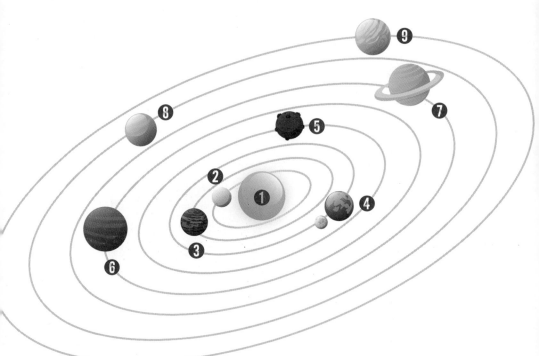

Sun 태양

[sʌn] 썬

Mercury 수성

[mə́ːrkjuri] 머-큐리

Venus 금성
[víːnəs] 비-너스

Earth 지구
[əːrθ] 어-쓰

Mars 화성
[maːrz] 마-즈

Jupiter 목성
[dʒúːpitər] 쥬-피터

Saturn 토성
[sǽtərn] 쌔턴

Uranus 천왕성
[júərənəs] 유어러너스

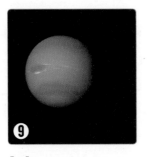

Neptune 해왕성
[néptjuːn] 넵튜-운

S

special [spéʃəl] 스페셜

형 특별한, 특수한

The singer has a **special** style.
그 가수의 스타일은 특별하다.

speed [spiːd] 스피-드

명 속도

full speed 전속력

The car is running
at full **speed**.
차가 전속력으로 달리고 있다.

spell [spel] 스펠 • spelt(spelled)

동 철자를 쓰다　　명 마법

The girl is learning to **spell**.
소녀는 철자 쓰는 것을 배우고 있다.

spend [spend] 스펜드 • spent

동 (돈·시간을) 쓰다, 소비하다

She **spent** all of her money.
그녀는 가진 돈을 다 써 버렸다.

spider [spáidər] 스파이더

명 거미

The **spider** is so scary!
거미는 너무 무섭다!

spill [spil] 스필 • spilt(spilled)

동 엎지르다, 쏟다

Somebody **spilled** the coffee.
누군가 커피를 엎질렀다.

spoon [spuːn] 스푸-운

명 숟가락, 스푼

The **spoon** is clean.
숟가락이 깨끗하다.

sport [spɔːrt] 스포-트

명 운동(경기), 스포츠

They like to play **sports**.
그들은 운동하는 것을 좋아한다.

spring [spriŋ] 스프링

명 봄, 샘

Everything becomes lively in **spring**.
봄에는 모든 것이 생기가 넘친다.

square [skweər] 스퀘어

형 정사각형의   명 정사각형, 광장

The quilt's shape is square.
퀼트의 모양은 정사각형이다.

stair [steər] 스테어

명 계단

There are many stairs to climb.
올라가야 할 계단이 많다.

stamp [stæmp] 스탬프

명 우표, 도장   동 찍다

The envelope has
a stamp on it.
봉투에 우표가 붙어 있다.

S

Sports 운동

golf 골프
[galf] 갈프

football 미식축구
[fútbɔːl] 풋보-올

in-line skating 인라인 스케이팅
[ìnlain skéitiŋ] 인라인 스케이팅

table tennis 탁구
[téibl tenis] 테이블 테니스

snowboarding 스노보드
[snóubɔːrd] 스노우보-딩

soccer 축구
[sákər] 싸커

taekwondo 태권도

[taikwándou] 타이콴도우

tennis 테니스

[ténis] 테니스

volleyball 배구

[válibɔ̀ːl] 발리보-올

boxing 권투

[báksiŋ] 박싱

baseball 야구

[béisbɔ̀ːl] 베이스보-올

basketball 농구

[bǽskitbɔ̀ːl] 배스킷보-올

S

stand [stænd] 스탠드 · stood

동 서 있다, 서다

stand up 일어서다

The family is **standing** together.
가족이 함께 서 있다.

star [stɑːr] 스타-

명 별

Many **stars** are shining in the sky.
많은 별들이 하늘에서 빛나고 있다.

start [stɑːrt] 스타-트

동 시작하다, 출발하다   명 처음, 시작

start over 다시 시작하다

Press the button to **start**.
시작하려면 버튼을 눌러라.

station [stéiʃən] 스테이션

명 역, 방송국

police station 경찰서

This is a train station.
이곳은 기차역이다.

statue [stǽtʃuː] 스태츄−

명 조각상

The famous statue is in France.
그 유명한 조각상은 프랑스에 있다.

stay [stei] 스테이

동 계속[그대로] 있다, 머무르다

stay up (늦게까지) 깨어 있다

Stay there!
거기에 그대로 있어!

S

steal [stiːl] 스티-일 • stole, stolen

동 훔치다, 도둑질하다

A thief **steals** things.
도둑은 물건을 훔친다.

steam [stiːm] 스티-임

명 증기, 김

The kettle is blowing **steam**.
주전자가 김을 내뿜고 있다.

step [step] 스텝

명 (발)걸음, 단계

step by step 한 걸음 한 걸음

The baby is taking her first **step**.
아기가 첫 걸음마를 하고 있다.

stick [stik] 스틱

명 막대기, 지팡이
동 붙이다, 찔러 넣다

He has a wooden **stick**.
그는 나무 막대기를 가지고 있다.

stone [stoun] 스토운

명 돌

The **stones** look like a foot.
돌들은 발처럼 보인다.

stop [stap] 스탑 • stopped

동 멈추다, 그만하다　　**명** 정류장

stop by　~에 들르다

Please **stop** fighting.
제발 그만 싸워.

S

store [stɔːr] 스토-어

명 가게, 상점

The **store** is having a sale on clothes.

가게는 옷을 할인 판매하고 있다.

storm [stɔːrm] 스토-옴

명 폭풍우

We took a picture of a **storm**.

우리는 폭풍우의 사진을 찍었다.

story [stɔ́ːri] 스토-리 • stories

명 이야기, 소설

Santa reads **stories** to children.

산타가 아이들에게 이야기를 읽어 준다.

stove [stouv] 스토우브

명 가스레인지, 스토브

The pan is on the **stove**.
냄비가 가스레인지 위에 있다.

straight [streit] 스트레잇

형 곧은, 똑바른   **부** 바로, 곧장

The road is **straight**.
도로가 곧다.

strange [streindʒ] 스트레인쥐

형 이상한

stranger 낯선 사람

This is my brother's
strange tricycle.
이것은 내 남동생의 이상한 세발자전거이다.

strawberry [strɔ́ːbèri] 스트로-베리
· strawberries

명 딸기

The strawberry looks fresh.
딸기가 싱싱해 보인다.

straw [strɔː] 스트로-

명 빨대, 지푸라기

Take a straw from the glass.
유리잔에서 빨대를 가져가라.

street [striːt] 스트리-트

명 거리, 도로

There are not many cars on the street.
거리에는 차가 많지 않다.

stretch [stretʃ] 스트레취

동 잡아당겨 늘이다, (팔·다리를) 뻗다

He **stretches** the band.
그가 밴드를 잡아당겨 늘인다.

strike [straik] 스트라익 • struck

동 치다, 때리다

The bowling ball is
striking pins.
볼링 공이 핀을 때리고 있다.

stripe [straip] 스트라입

명 줄무늬

The T-shirt and socks
have **stripes**.
티셔츠와 양말에 줄무늬가 있다.

S

S

strong [strɔːŋ] 스트로-옹

형 힘센, 튼튼한

He is **strong** enough to carry the presents!

그는 선물들을 들 수 있을 만큼 힘이 세다!

student [stjuːdnt] 스튜-든트

명 학생

She is an elementary school **student**.

그녀는 초등학교 학생이다.

study [stʌdi] 스터디 • studied

동 공부하다, 연구하다　**명** 학업, 연구

He always **studies** very hard.

그는 언제나 열심히 공부한다.

stupid [stjúːpid] 스튜-피드

형 멍청한, 어리석은

He looks so **stupid.**

그는 정말 멍텅구리처럼 보인다.

submarine [sʌbməríːn] 써브머리-인

명 잠수함

The **submarine** is big and fast.

잠수함은 크고 빠르다.

subway [sʌ́bwèi] 써브웨이

명 지하철

The **subway** train is coming into the station.

지하철이 역으로 들어오고 있다.

S

sudden [sʌdn] 써든

형 갑작스러운

suddenly 갑자기

The **sudden** appearance of
the rabbit surprised him.
그는 갑작스런 토끼의 등장에 놀랐다.

sugar [ʃúgər] 슈거

명 설탕

I like **sugar** cubes very much.
나는 각설탕을 아주 많이 좋아한다.

suit [suːt] 쑤-트

명 정장, 양복

The boy is wearing a **suit**.
소년이 정장을 입고 있다.

summer [sʌ́mər] 써머

명 여름

She is going to the beach in summer.

그녀는 여름에 해변에 갈 것이다.

sun [sʌn] 썬

명 태양

sunny 햇볕이 잘 드는

The sun is very big and hot.

태양은 매우 크고 뜨겁다.

sunshine [sʌ́nʃain] 썬샤인

명 햇빛, 햇살

I enjoy the sunshine.

나는 햇살을 즐긴다.

S

supermarket [súːpərmaːrkit] 쑤-퍼마-킷

명 슈퍼마켓

The **supermarket** has many goods.

슈퍼마켓에는 상품이 많다.

---

supper [sʌ́pər] 써퍼

명 저녁 식사

I have **supper** with my sister.

나는 여동생과 저녁 식사를 한다.

---

sure [ʃuər] 슈어

형 확신하는   **부** 확실히, 물론

I am **sure** I can do it.

나는 그것을 할 수 있다고 확신한다.

surprise [sərpráiz] 써프라이즈

동 놀라게 하다   **명** 놀라움

She was **surprised**.
그녀는 놀랐다.

sweater [swétər] 스웨터

명 스웨터

My grandmother gave
me this **sweater**.
할머니가 이 스웨터를 나에게 주셨다.

sweet [swiːt] 스위-트

형 달콤한, 단   **명** 단 것

The girl likes **sweet** candies.
소녀는 달콤한 사탕을 좋아한다.

S

swim [swim] 스윔 • swam, swum

동 수영하다, 헤엄치다

go swimming 수영하러 가다

Ducks can swim fast.
오리는 빠르게 헤엄칠 수 있다.

swing [swiŋ] 스윙

명 그네　　**동** 흔들리다, 그네 타다

The girl is on the swing.
소녀가 그네를 타고 있다.

switch [switʃ] 스위취

명 스위치　　**동** 스위치를 켜다

Please turn on the switch.
스위치를 켜 주세요.

Tt

Tt

Tt

T

KEW-t
MP3

table [téibl] 테이블

명 탁자, 식탁

The table is made of wood.
탁자는 나무로 만들어져 있다.

tail [teil] 테일

명 꼬리

The cat has a striped tail.
고양이는 줄무늬 꼬리를 가졌다.

take [teik] 테익 • took, taken

동 가져가다, 데리고 가다

take away 치우다

My dad **takes**
one of the candies.
아빠가 사탕 하나를 가져간다.

talk [tɔːk] 토-크

동 이야기하다　　**명** 이야기

talk about ~에 대해서 말하다

The students are **talking**
to each other.
학생들이 서로 이야기하고 있다.

tall [tɔːl] 토-올

형 키가 큰, 높은

The boy wants to be as **tall** as his dad.
소년은 아빠처럼 키가 크기를 바란다.

tape [teip] 테입

명 (접착용) 테이프

Can I borrow your **tape**?
네 테이프를 빌려도 될까?

taste [teist] 테이스트

동 맛보다　**명** 맛, 미각

tasty 맛있는

The girl is **tasting** the chocolate chip cookie.
소녀가 초콜릿 칩 쿠키를 맛보고 있다.

taxi [tǽksi] 택시

명 택시

take a taxi 택시를 타다

This is a big yellow **taxi**.
이것은 크고 노란 택시이다.

tea [tiː] 티-

명 차

Here is a cup of green tea.

여기 녹차 한 잔이 있다.

teach [tiːtʃ] 티-취 • taught

동 가르치다

She teaches her dog
how to sit down.

그녀는 개에게 앉는 방법을 가르친다.

teacher [tíːtʃər] 티-쳐

명 선생, 교사

Mrs. Ross is our math
teacher.

로스 선생님은 우리 수학 선생님이시다.

team [tiːm] 티-임

명 팀, 조

The basketball **team** is all men.
그 농구팀은 모두 남자이다.

tear [명 tiər / 동 teər] 티어 / 테어

명 눈물　　**동** 찢다

Tears are running down his face.
눈물이 그의 얼굴을 타고 흘러내리고 있다.

telephone [téləfòun] 텔러포운

명 전화, 전화기　　**동** 전화를 걸다

Someone called you on the **telephone**.
누군가 너에게 전화를 걸었다.

telescope [téləskòup] 텔러스코웁

명 망원경

The boy can see the stars with his **telescope**.

소년은 망원경으로 별을 볼 수 있다.

television [téləvìʒən] 텔러비젼

명 텔레비전, TV

I want a new flat-screen **television**.

나는 새로운 평면 스크린 텔레비전을 갖고 싶다.

tell [tel] 텔 • told

동 말하다

She likes to **tell** her kids a story.

그녀는 아이들에게 이야기를 해 주는 것을 좋아한다.

temperature [témpərətʃər] 템퍼러쳐

명 온도, 기온

The **temperature** is high.
온도가 높다.

temple [témpl] 템플

명 절, 사원

This **temple** is very big and old.
이 절은 아주 크고 오래 됐다.

tennis [ténis] 테니스

명 테니스

play tennis 테니스 치다

Her hobby is playing **tennis**.
그녀의 취미는 테니스 치는 것이다.

tent [tent] 텐트

명 텐트, 천막

When we camp,
we sleep in a **tent**.

야영할 때, 우리는 텐트에서 잔다.

test [test] 테스트

명 시험, 테스트　　**동** 테스트하다

take a test 시험을 보다

It is **test** day today!

오늘은 시험 보는 날이다!

than [ðæn] 댄

전 **접** ~보다

My cousin is taller **than** me.

내 사촌은 나보다 키가 크다.

that [ðæt] 댓

형 저 / 그   **대** 저것 / 그것

Who is **that** teacher?
저 선생님은 누구시니?

thank [θæŋk] 쌩크

동 고마워하다   **명** 감사(복수형)

thanks to ~덕분에

Thank you for your help.
도와주셔서 고맙습니다.

the [ðə] 더

관 그, 저

What's **the** name of
the animal?
저 동물의 이름은 뭘까?

theater [θíːətər] 씨-어터

명 극장

movie theater 영화관

The **theater** in the town is old.
그 소도시의 극장은 오래되었다.

they [ðei] 데이

대 그들(he, she, it의 복수), 그것들

They are good friends.
그들은 좋은 친구들이다.

thick [θik] 씩

형 두꺼운, 굵은

thickness 두께

This book is too **thick**!
이 책은 너무 두껍다!

thin [θin] 씬

형 얇은, 가느다란

The bottom pencil is very **thin**.
아래 연필은 매우 가느다랗다.

thing [θiŋ] 씽

명 물건, 것

My favorite **thing** is my bike.
내가 가장 좋아하는 물건은 내 자전거이다.

think [θiŋk] 씽크 • thought

동 생각하다

think about ~에 대해 생각하다

The boy is **thinking** about something.
소년이 무언가에 대해 생각 중이다.

third [θəːrd] 써-드

형 세 번째의, 제3의

first   second   third

The **third** duck is different in color.
세 번째의 오리는 색깔이 다르다.

thirsty [θə́ːrsti] 써-스티

형 목마른

thirst 갈증

The dog is very **thirsty**.
개가 매우 목이 마르다.

this [ðis] 디스

대 형 이것(의)

This is her favorite fruit.
이것은 그녀가 가장 좋아하는 과일이다.

thorn [θɔːrn] 쏘-온

명 가시

The rose has many **thorns**.
장미에는 가시가 많다.

thousand [θáuzənd] 싸우전드

명 **형** 천(의), 1,000(의)

thousands of 수천의~

Ten one-hundred-dollar bills make one **thousand** dollars.
백 달러 열 장이면 천 달러이다.

throat [θrout] 쓰로웃

명 목구멍, 목

have a sore throat 목이 아프다

She has a sore **throat**.
그녀는 목이 아프다.

through [θruː] 쓰루-

전 ~을 통해, ~을 지나서

go through 통과하다

The train goes through the tunnel.

기차가 터널을 통과한다.

throw [θrou] 쓰로우 • threw, thrown

동 던지다, 내던지다

throw away 버리다, 없애다

He throws a basketball.

그는 농구공을 던진다.

thumb [θʌm] 썸

명 엄지손가락

He gave us two thumbs up.

그는 우리에게 두 엄지손가락을 치켜 들었다.

thunder [θʌndər] 썬더

명 천둥, 천둥소리

The **thunder** was loud last night.
어젯밤에 천둥소리가 컸다.

ticket [tíkit] 티킷

명 표[티켓], 입장권

I bought a **ticket** for my trip.
나는 여행 티켓을 샀다.

tie [tai] 타이

동 묶다, 매다   **명** 넥타이

tie up 묶다

He sat down to **tie** his shoes.
그는 신발 끈을 묶기 위해 앉았다.

tiger [táigər] 타이거

명 호랑이

Tigers are very strong animals.
호랑이는 아주 힘센 동물이다.

tight [tait] 타이트

형 (옷이) 딱 붙는, 빡빡한

tightly 단단히, 꽉

He is wearing **tight** pants.
그는 딱 붙는 바지를 입고 있다.

till [til] 틸

접 ~할 때까지   **전** ~까지

I will wait **till** he comes back.
나는 그가 돌아올 때까지 기다릴 것이다.

timber [tímbər] 팀버

명 목재

This is a pile of **timber**.
이것은 목재 더미이다.

time [taim] 타임

명 시간, 때, (복수형으로) ~회, ~배

at times 때때로

Look at the **time**! It's eight o'clock.
시간을 좀 봐! 8시야.

tiny [táini] 타이니

형 아주 작은, 조그마한

I am looking at **tiny** ants.
나는 아주 작은 개미들을 보고 있다.

tire [taiər] 타이어

명 타이어

The man is piling the **tires.**
남자가 타이어를 쌓고 있다.

tired [taiərd] 타이어드

형 피곤한, 지친

She was very **tired.**
그녀는 매우 피곤했다.

to [tu] 투

전 ~로, ~에, ~까지

I go **to** school from Monday to Friday.
나는 월요일부터 금요일까지 학교에 간다.

toad [toud] 토우드

명 두꺼비

The **toad** is waiting for a fly.
두꺼비가 파리를 기다리고 있다.

toast [toust] 토우스트

명 토스트

We eat **toast** for breakfast.
우리는 아침 식사로 토스트를 먹는다.

today [tədéi] 터데이

명 **부** 오늘

Today is Valentine's Day.
오늘은 발렌타인 데이이다.

toe [tou] 토우

명 발가락

A baby's toes are so cute.
아기의 발가락은 매우 귀엽다.

together [təgéðər] 터게더

부 함께, 같이

get together 모이다

The kids are talking together.
아이들이 함께 이야기하고 있다.

tomato [təméitou] 터메이토우 • tomatoes

명 토마토

Tomatoes are red in color.
토마토는 빨간색이다.

tomorrow [təmáːrou] 터마-로우

명 부 내일

Tomorrow comes after today.
내일은 오늘 다음에 온다.

tongue [tʌŋ] 텅

명 혀, 언어

She is sticking her tongue out at me.
그녀가 나를 보고 혀를 쑥 내밀고 있다.

tonight [tənáit] 터나잇

명 부 오늘 밤

The moon is out tonight.
오늘 밤 달이 떴다.

too [tu:] 투-

부 ~도 또한, 너무

**My dad is tall, and my mom
is tall, too.**

우리 아빠는 키가 크시고, 우리 엄마도
키가 크시다.

tool [tu:l] 투-울

명 도구

People use tools every day.

사람들은 매일 도구를 사용한다.

tooth [tu:θ] 투-쓰 • teeth

명 이, 치아

The teeth are not real.

그 치아는 진짜가 아니다.

toothbrush [túːθbrʌʃ] 투-쓰브러쉬
• toothbrushes

명 칫솔

This magic **toothbrush** doesn't need toothpaste!

이 마술 칫솔은 치약이 필요 없다!

top [tap] 탑

명 꼭대기, 맨 위   **형** 최고의

The cat is sitting on the **top** of the chair.

고양이가 의자의 꼭대기에 앉아 있다.

touch [tʌtʃ] 터취

동 만지다, 닿다   **명** 촉각

The girl **touches** her toes.

소녀가 발가락에 손을 댄다.

T

tourist [túərist] 투어리스트

명 관광객, 여행자

tour 관광, 여행

The child looks like a tourist.
아이는 관광객처럼 보인다.

towel [táuəl] 타월

명 수건, 타월

The little boy dried himself with a big towel.
어린 소년은 큰 수건으로 몸을 말렸다.

tower [táuər] 타워

명 탑, 타워

This is the Leaning Tower of Pisa.
이것은 피사의 사탑이다.

town [taun] 타운

명 (소)도시, 읍

It is a pretty town.
그곳은 예쁜 소도시이다.

toy [tɔi] 토이

명 장난감

The toy bear is in the box.
장난감 곰이 상자 안에 있다.

tractor [træktər] 트랙터

명 트랙터

There is a tractor on my uncle's farm.
우리 삼촌 농장에는 트랙터 한 대가 있다.

traffic [trǽfik] 트래픽

명 차량, 교통량

traffic light 신호등

Only one road has **traffic.**

한 도로에만 차량들이 있다.

train [trein] 트레인

명 열차, 기차　　**동** 훈련시키다

train station 기차역

The **train** is fast.

기차는 빠르다.

trash [træʃ] 트래쉬

명 쓰레기

trash can 쓰레기통

There is too much **trash.**

쓰레기가 너무 많다.

travel [trǽvəl] 트래벌

동 여행하다　**명** 여행

traveler 여행자

They like to travel.
그들은 여행을 좋아한다.

treasure [tréʒər] 트레져

명 보물, 보배

treasure hunt 보물 찾기

The box was filled with treasure.
상자는 보물로 가득했다.

tree [triː] 트리-

명 나무

The tree doesn't have flowers.
나무에 꽃이 없다.

triangle [tráiæŋgl] 트라이앵글

명 삼각형, 트라이앵글(악기)

The **triangle** is red.
그 삼각형은 빨간색이다.

trip [trip] 트립

명 여행(비교적 짧은 여행)

We're going on a **trip**.
우리는 여행을 갈 것이다.

trick [trik] 트릭

명 묘기, 속임수   **동** 속이다

The magician does
excellent **tricks**.
마술사는 훌륭한 묘기를 해 보인다.

truck [trʌk] 트럭

명 트럭, 화물 자동차

This **truck** can carry
many things.

이 트럭은 많은 것을 실어 나를 수 있다.

true [tru:] 트루–

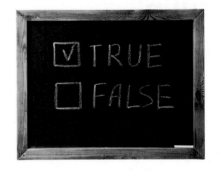

형 진실의, 정말의

truth 사실, 진상

Is it **true** or false?

그것은 참인가 거짓인가?

trumpet [trʌ́mpit] 트럼핏

명 트럼펫, 나팔

My sister can play
the **trumpet**.

내 여동생은 트럼펫을 연주할 수 있다.

try [trai] 트라이 · tried

동 해보다, 노력하다

She is trying to lift the boxes.
그녀는 상자들을 들어 올리려 하고 있다.

tulip [tjúːlip] 튜-울립

명 튤립

There are eight tulips.
여덟 송이의 튤립이 있다.

tunnel [tʌnl] 터늘

명 터널, 지하도

It is dark inside the tunnel.
터널 안이 어둡다.

turn [təːrn] 터-언

동 돌다, 돌리다　　**명** 돌기, 돌리기

turn around 돌다, 회전시키다

She turned around and around.
그녀는 빙글빙글 돌았다.

turtle [tə́ːrtl] 터-틀

명 거북

The turtle is crawling along slowly.
거북이가 엉금엉금 기어가고 있다.

twice [twais] 트와이스

부 두 번, 두 배로

I wash my face twice a day.
나는 하루에 두 번 세수한다.

two [tuː] 투-

형 2의, 둘의　　명 2, 둘

We have two sets of
roller skates.

우리는 롤러 스케이트가 두 개 있다.

twin [twin] 트윈

명 쌍둥이

We are twins!

우린 쌍둥이예요!

type [taip] 타입

명 종류, 유형

There are three types of buttons.

세 종류의 단추가 있다.

Uu

Uu

KEW-u
MP3

ugly [ʌgli] 어글리

형 못생긴, 보기 싫은

She is wearing an **ugly** costume.
그녀는 보기 싫은 의상을 입고 있다.

umbrella [ʌmbrélə] 엄브렐러

명 우산

We like this beautiful **umbrella**.
우리는 이 예쁜 우산을 좋아한다.

uncle [ˈʌŋkl] 엉클

명 삼촌, 아저씨

I only have
one **uncle**.
나는 삼촌이 한 명뿐이다.

mother father uncle sister

under [ˈʌndər] 언더

전 ~ 아래에, ~밑에(서)

The boy is **under** the chair.
소년이 의자 아래에 있다.

understand [ˌʌndərˈstænd] 언더스탠드
· understood

동 이해하다, 알다

The boy **understands** his homework.
소년은 숙제를 이해한다.

underwear [ʌndərweər] 언더웨어

명 속옷

The **underwear** has a flower on it.
속옷에 꽃이 있다.

undress [ʌndrés] 언드레스

동 옷을 벗다, 벗기다

The kid is **undressing**.
아이가 옷을 벗고 있다.

unhappy [ʌnhǽpi] 언해피

형 기분이 나쁜, 슬픈

One of the boys is **unhappy**.
소년들 중 한 명은 기분이 나쁘다.

unicorn [júːnikɔ̀ːrn] 유-니코-온

명 유니콘

Unicorns look magical.
유니콘은 신비스러워 보인다.

uniform [júːnifɔ̀ːrm] 유-니포-옴

명 유니폼, 교복

They wear
different **uniforms**.
그들은 다른 유니폼을 입는다.

universe [júːnivə̀ːrs] 유-니버-어스

명 우주

The **universe** is
an amazing sight.
우주는 하나의 놀라운 광경이다.

untidy [ʌntáidi] 언타이디

형 지저분한

The room is untidy.
방이 지저분하다.

until [əntíl] 언틸

전 ~까지   접 ~때까지

I had to wait until
twelve o'clock.
나는 12시까지 기다려야 했다.

up [ʌp] 업

부 위로, 위쪽으로

up and down 아래위로

The girl raised up her arms.
소녀는 두 팔을 들어 올렸다.

upstairs [ʌpstéərz] 업스테어즈

부 위층으로, 2층으로

Let's go **upstairs**.
위층으로 올라가자.

use [**동**juːz/**명**juːs] 유-즈 / 유-스

동 사용하다   **명** 사용, 이용

useful 유용한

She can **use** a computer.
그녀는 컴퓨터를 사용할 줄 안다.

usual [júːʒuəl] 유-주얼

형 보통의, 일상의

usually 보통은, 대개

His **usual** drink is milk.
그의 일상 음료는 우유이다.

KEW-v
MP3

vacant [véikənt] 베이컨트

형 비어 있는, 사람이 없는

The house is **vacant**.
집이 비어 있다.

vacation [veikéiʃən] 베이케이션

명 방학, 휴가

I will go to Europe for **vacation**.
나는 휴가를 유럽으로 갈 것이다.

valley [vǽli] 밸리

명 계곡, 골짜기

A **valley** is low land
between mountains.
골짜기는 산과 산 사이에 낮은 땅이다.

van [væn] 밴

명 소형 트럭, 밴

My father has
a yellow **van**.
우리 아빠는 노란색 밴이 있다.

vase [veis] 베이스

명 꽃병

Flowers are in a **vase**.
꽃이 꽃병 안에 있다.

vegetable [védʒətəbl] 베쥐터블

명 채소

Vegetables are healthy foods.
채소는 건강에 좋은 음식이다.

vehicle [víːikl] 비-이클

명 탈것, 차량

motor vehicle 자동차

There are different
kinds of **vehicles**.
많은 종류의 차량이 있다.

very [véri] 베리

부 매우, 굉장히

The hamburger is **very** big.
햄버거가 아주 크다.

Vegetables 채소

bean 콩
[biːn] 비-인

broccoli 브로콜리
[brákəli] 브라컬리

cabbage 양배추
[kǽbidʒ] 캐비쥐

celery 셀러리
[séləri] 쎌러리

radish 무
[rǽdiʃ] 래디쉬

tomato 토마토
[təméitou] 터메이토우

carrot 당근
[kǽrət] 캐럿

corn 옥수수
[kɔːrn] 코-온

cucumber 오이
[kjúːkʌmbər] 큐-컴버

eggplant 가지
[égplænt] 에그플랜트

<

garlic 마늘
[gáːrlik] 갈-릭

lettuce (양)상추
[létis] 레티스

onion 양파
[ʌ́njən] 어년

mushroom 버섯
[mʌ́ʃruːm] 머쉬루-움

pumpkin 호박
[pʌ́mpkin] 펌프킨

potato 감자
[pətéitou] 퍼테이토우

Vehicles 탈것

balloon 열기구
[bəlúːn] 벌루-운

helicopter 헬리콥터
[hélikàptər] 헬리캅터

airplane 비행기
[éərplèin] 에어플레인

car 자동차
[kɑːr] 카-

bus 버스
[bʌs] 버스

motorbike 오토바이
[móutərbaik] 모우터바이크

subway 지하철

[sʌ́bwèi] 써브웨이

train 열차

[trein] 트레인

yacht 요트

[jat] 얏

boat 보트

[bout] 보우트

ship (큰) 배

[ʃip] 쉽

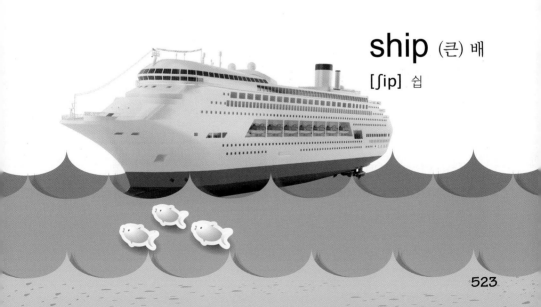

vet [vet] 벳

명 수의사(=veterinarian)

The **vet** is taking care of
the cat.

수의사가 고양이를 돌보고 있다.

video [vídiou] 비디오우

명 비디오, 영상

We like to play **video**
games.

우리는 비디오 게임하는 것을 좋아한다.

view [vju:] 뷰-

명 경치, 의견

point of view 관점

The **view** of the
mountain is amazing.

산의 경치는 놀랍다.

village [vílidʒ] 빌리쥐

명 마을, 촌락

The **village** has many houses.

마을에 집이 많다.

violin [vàiəlín] 바이얼린

명 바이올린

She is playing the **violin**.

그녀는 바이올린을 켜고 있다.

visit [vízit] 비짓

동 방문하다   명 방문, 구경

visitor 방문자

Clara **visits** her friend's home.

클라라는 친구네 집을 방문한다.

vitamin [váitəmin] 바이터민

명 비타민

Vitamins are important to us.
비타민은 우리에게 중요하다.

voice [vɔis] 보이스

명 목소리, 음성

His voice got louder.
그의 목소리가 커졌다.

volcano [valkéinou] 발케이노우

명 화산

active volcano 활화산

The volcano erupted!
화산이 폭발했다!

KEW-w
MP3

wagon [wǽgən] 왜건

명 마차

The black horse is
pulling the **wagon**.
검정 말이 마차를 끌고 있다.

wait [weit] 웨잇

동 기다리다

wait for ～을 기다리다

They are **waiting** for
their friends.
그들은 친구들을 기다리고 있다.

wake [weik] 웨이크 • woke, woken

동 잠이 깨다, 일어나다

wake up 일어나다

She wakes up early every day.
그녀는 매일 일찍 일어난다.

walk [wɔːk] 워-크

동 걷다, 산책하다   **명** 걷기, 산책

The tall man is walking.
키 큰 남자가 걷고 있다.

wall [wɔːl] 워-얼

명 벽, 담

The wall stands tall.
벽이 우뚝 서 있다.

want [want] 완트

동 원하다, ~하고 싶다

The girl wants a toy rabbit.
소녀는 토끼 인형을 원한다.

war [wɔːr] 워-

명 전쟁

Soldiers fight in a war.
군인들이 전쟁에서 싸운다.

warm [wɔːrm] 워-엄

형 따뜻한

It's very warm inside the house.
집 안은 매우 따뜻하다.

wash [waʃ] 와쉬

동 씻다　　**명** 세탁

The baby can't **wash** himself.
아기는 혼자 씻을 수 없다.

waste [weist] 웨이스트

동 낭비하다　　**명** 낭비

Don't **waste** your money.
돈을 낭비하지 마라.

watch [watʃ] 와취 • watches

명 (손목)시계　　**동** 지켜보다

This **watch** is my birthday present.
이 손목시계는 내 생일 선물이다.

water [wɔ́ːtər] 워-터

명 물　**동** 물을 주다

Would you like to drink a glass of water?
물 한 잔 드시겠어요?

watering can [wɔ́ːtəriŋ kæn] 워-터링 캔

명 물뿌리개

The watering can holds one liter of water.
물뿌리개에는 물 1리터가 들어간다.

handle

spout

wave [weiv] 웨이브

동 손을 흔들다

The boy waves goodbye.
소년이 손을 흔들어 작별 인사를 한다.

way [wei] 웨이

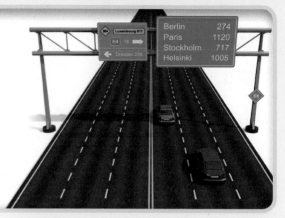

명 길, 방법

This is the way to Paris.
이것은 파리로 가는 길이다.

we [wi:] 위-

대 우리, 우리들

We are a family.
우리는 한 가족이다.

weak [wi:k] 위-크

형 약한, 힘이 없는

The old man is too weak to walk.
노인은 너무 약해서 걷기가 힘들다.

wear [weər] 웨어 · wore, worn

동 입다[착용하다]　명 의복, 옷

The boy tries to **wear** his T-shirt.

소년이 티셔츠를 입으려 하고 있다.

weather [wéðər] 웨더

명 날씨

The **weather** is cloudy today.

오늘은 구름이 많이 낀 날씨다.

week [wiːk] 위-크

명 일주일

weekly 매주의

Here are the days of the **week**.

여기 일주일의 요일이 나와 있다.

Weather 날씨

sunny 화창한
[sʌ́ni] 써니

foggy 안개 낀
[fɔ́ːgi] 포-기

cloudy 흐린
[kláudi] 클라우디

rainy 비 오는
[réini] 레이니

windy 바람 부는
[wíndi] 윈디

snowy 눈 오는
[snóui] 스노우이

snowstorm 눈보라

[snóustɔ̀ːrm] 스노우스토-옴

rainbow 무지개

[réinbòu] 레인보우

lightning 번개

[láitniŋ] 라이트닝

tornado 회오리바람

[tɔːrnéidou] 토-네이도우

hail 우박

[heil] 헤일

flood 홍수

[flʌd] 플러드

weigh [wei] 웨이

동 무게를 달다, 무게가 나가다

Let's **weigh** the apple.
사과의 무게를 달아 보자.

welcome [wélkəm] 웰컴

동 환영하다   명 환영

The city sign says,
"**Welcome** to New York."
도시 간판에, "뉴욕에 오신 것을
환영합니다"라고 적혀져 있다.

well [wel] 웰

부 잘   감 자, 그럼

My sister dances very **well**.
내 여동생은 춤을 매우 잘 춘다.

west [west] 웨스트

명 서쪽　**부** 서쪽에

Which way is west?
어느 쪽이 서쪽이니?

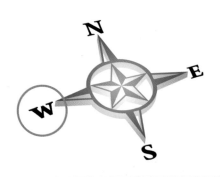

wet [wet] 웻

형 젖은

The dog is all wet.
개가 흠뻑 젖었다.

whale [weil] 웨일

명 고래

**The whale jumped out of
the water.**
고래가 물 밖으로 뛰어올랐다.

wheel [wiːl] 위-일

명 바퀴

It is a bicycle **wheel**.
그것은 자전거 바퀴다.

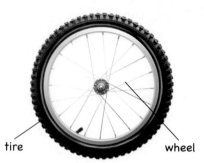

tire   wheel

wheelbarrow [wíːlbærou] 위-일배로우

명 (외바퀴) 손수레

The **wheelbarrow** is full of food.
손수레에 음식이 가득하다.

wide [waid] 와이드

형 넓은

widely 널리, 폭넓게

The distance between his arms is **wide**.
그의 팔 사이 공간이 넓다.

wife [waif] 와이프

wife · husband

명 아내[부인]

The woman is Sam's wife.
그 여자는 샘의 아내이다.

wild [waild] 와일드

형 사나운, 야생의

**Many wild animals
live in Africa.**
많은 야생 동물들은 아프리카에 산다.

win [win] 윈 · won

동 이기다
winner 우승자

She won first prize.
그녀가 일등을 했다.

wind [wind] 윈드

명 바람

windy 바람 부는

The wind is too strong.
바람이 너무 강하다.

windmill [wíndmil] 윈드밀

명 풍차

The building has a large windmill.
건물에는 커다란 풍차가 있다.

sail

window [wíndou] 윈도우

명 창문

Keep the window shut.
창문을 닫아 두어라.

wing [wiŋ] 윙

명 날개

The owl flies with its **wings**.
올빼미는 날개를 이용하여 난다.

winter [wíntər] 윈터

명 겨울

It's cold in **winter**.
겨울은 춥다.

wipe [waip] 와입

동 닦다

The woman **wipes** the table.
여자가 탁자를 닦는다.

wire [waiər] 와이어

명 철사, 전선

The **wire** fence is around the tree.
철조망이 나무 주위에 둘려있다.

wish [wiʃ] 위쉬

동 바라다, 희망하다　**명** 소원

He **wished** for shoes for his birthday gift.
그는 생일 선물로 신발을 희망했다.

witch [witʃ] 위취 • witches

명 마녀

The **witch** is wearing a black hat.
마녀는 검정색 모자를 쓰고 있다.

without [wiðáut] 위다웃

전 ~ 없이, ~ 하지 않고

It does not work **without** batteries.
그것은 배터리 없이는 작동하지 않는다.

wizard [wízərd] 위저드

명 (남자) 마법사

The **wizard** has a long white beard.
마법사는 기다란 흰 수염이 있다.

wolf [wulf] 울프 • wolves

명 늑대

The **wolf** is frightening.
늑대는 무섭다.

woman [wúmən] 우먼 · women

명 여자

Julie is a wonderful **woman**.
줄리는 멋진 여자다.

wonder [wʌ́ndər] 원더

동 궁금하게 생각하다   **명** 경탄, 경이

wonderful 훌륭한, 굉장한

I **wonder** why
roses have thorns.
나는 왜 장미에 가시가 있는지 궁금하다.

wood [wud] 우드

명 나무, 목재

The blocks are made of **wood**.
블록은 나무로 만들어져 있다.

wool [wul] 울

명 털실, 양모

There is a bunch of **wool**.
털실 한 묶음이 있다.

wool

word [wəːrd] 워-드

명 단어, 낱말

What **word** do
the children show?
아이들이 어떤 단어를
보여주고 있니?

work [wəːrk] 워-크

동 일하다　　**명** 일, 업무

The cook is **working** hard.
요리사는 열심히 일하는 중이다.

world [wəːrld] 워-얼드

명 세계, 세상

The children are drawing a **world** map.

아이들이 세계 지도를 그리고 있다.

worm [wəːrm] 워-엄

명 벌레(지렁이와 같은 벌레)

The **worm** moves across the floor.

벌레가 바닥을 가로질러 움직인다.

worry [wə́ːri] 워-리 • worried

동 걱정하다   **명** 걱정, 고심

He **worries** about tomorrow's game.

그는 내일 경기에 대해 걱정한다.

wrist [rist] 리스트

명 손목

His **wrist** has nothing on it.

그의 손목에는 아무것도 없다.

write [rait] 라이트 • wrote, written

동 (글자를) 쓰다

writer 작가

The girl is **writing** letters on the blackboard.

소녀가 칠판에 글자를 쓰고 있다.

wrong [rɔ́ːŋ] 로-옹

형 잘못된, 틀린

He is holding the hammer the **wrong** way.

그는 망치를 거꾸로 잘못 들고 있다.

MP3

X-ray [éksrei] 엑스레이

명 엑스레이 사진

The girl is checking her X-ray.
소녀는 자신의 엑스레이 사진을 확인하고 있다.

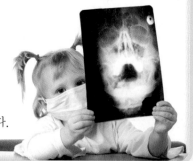

xylophone [záiləfòun] 자일러포운

명 실로폰

Olive is playing the xylophone.
올리브가 실로폰을 연주하고 있다.

yacht [jɑt] 얏

명 요트

The yacht has three sails.
요트에 돛이 세 개 있다.

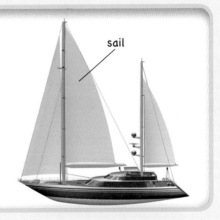

sail

yard [jɑːrd] 야-드

명 마당, 뜰

My house has a small green yard.
우리 집에는 작은 초록색 마당이 있다.

yawn [jɔːn] 요-온

동 하품하다

The girl is yawning.
소녀가 하품하고 있다.

---

year [jiər] 이어

명 해[년]

yearly 연 1회의, 매년의

The years pass quickly.
해가 빠르게 지나간다.

---

yellow [jélou] 옐로우

형 노란   **명** 노란색

I like my yellow boots.
나는 내 노란 부츠를 좋아한다.

yes [jes] 예스

부 예, 그래

Do you like pizza?
Yes, I do.
너는 피자 좋아하니?
응, 좋아해.

yesterday [jéstərdèi] 예스터데이

명 **부** 어제

What did you do **yesterday**?
너 어제 뭐했니?

yet [jet] 옛

부 아직, 벌써

I haven't eaten the orange **yet**.
나는 오렌지를 아직 안 먹었다.

yoga [jóugə] 요우거

명 요가

She is practicing **yoga**.
그녀는 요가를 하고 있다.

yogurt [jóugərt] 요우거트

명 요구르트

I have **yogurt** for breakfast.
나는 아침 식사로 요구르트를 마신다.

yolk [jouk] 요욱

명 노른자

The **yolk** is in the
center of the egg.
노른자는 달걀 가운데 있다.

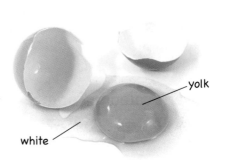

yolk

white

you [ju] 유

대 너, 너희(들), 당신(들)

You are my sister.
너는 내 여동생이다.

young [jʌŋ] 영

형 젊은, 어린

All of them are **young** and cheerful.
그들 모두는 젊고 활기차다.

yo-yo [jóujou] 요우요우

명 요요

She is playing with a **yo-yo**.
그녀가 요요를 가지고 놀고 있다.

KEW-z
MP3

zebra [zíːbrə] 지-브러

명 얼룩말

The **zebra** has nice black and white stripes.
얼룩말에는 멋진 검은색과 흰색 줄무늬가 있다.

zero [zíərou] 지어로우

명 0[영]   **형** 영의

The lowest number is **zero**.
가장 작은 숫자는 0이다.

zigzag [zígzæg] 지그재그

명 지그재그형　**형** 구불구불한

The pencils shape a zigzag.

연필이 지그재그 모양을 하고 있다.

zipper [zípər] 지퍼

명 지퍼

The zipper is broken and won't go up.

지퍼가 고장 나서 올라가지 않을 것이다.

zoo [zuː] 주-

명 동물원

We saw an orangutan at the zoo.

우리는 동물원에서 오랑우탄을 보았다.

초등영단어
Appendix

부록

● **부록 1** 교육부 지정 초등영어회화 300문장

● **부록 2** 불규칙 동사변화
　　　　　기수와 서수

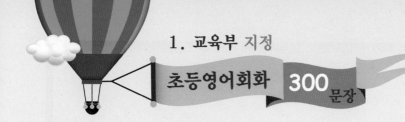

인사·안부

001 **Hi, Sumin.** (만났을 때) 안녕, 수민아.

002 **Hello, Sumin.** (만났을 때) 안녕, 수민아.

003 **Bye, Sumin.** (헤어질 때) 수민아, 안녕.

004 **Goodbye, Sumin.** (헤어질 때) 수민아, 안녕.

005 **Good morning, Sumin.** (아침) 수민아, 안녕.

006 **Good afternoon, Sumin.** (점심) 수민아, 안녕.

007 **Good evening, Sumin.** (저녁) 수민아, 안녕.

008 **Good night, Sumin.** 수민아, 잘 자.

009 **See you later.** 다음에 봐.

010 **See you tomorrow.** 내일 보자.

011 **Take care.** 잘 있어.

012 **Hi, how are you today?** 안녕, 오늘 기분이 어때?

013 **How is it going?** 어떻게 지내?

014 **I'm okay, thanks.** 잘 지내요.

015 **I'm fine, thanks.** 잘 지내요.

016 **Not so bad, thanks.** 나쁘지 않아요.

017 **You look happy.** 너 행복해 보여.

018 **You look tired.** 너 피곤해 보여.

감사·사과

019 **Thanks.** 고마워.

020 **Thank you.** 고마워.

021 **Thanks a lot.** 정말 고마워.

022 **Thank you very much.** 대단히 고마워.

023 **Sure.** 천만에.

024 **You're welcome.** 천만에.

025 **No problem.** 괜찮아.

026 **It was my pleasure.** 도울 수 있어서 기뻤어.

027 **Sorry, I'm late.** 미안해요, 제가 늦었어요.

028 **I'm so sorry about that.** 정말 미안해요.

029 **Excuse me.** 실례합니다.

030 **Please forgive me.** 용서해 주세요.

031 **Not at all.** 천만에.

032 **That's okay.** 괜찮아.

033 **Forget it.** 잊어버려.

034 **It doesn't matter.** 별 거 아냐.

소개

035 **What's your name?** 네 이름은 무엇이니?

036 **My name is Sumin.** 제 이름은 수민이에요.

037 **Who are you?** 너는 누구니?

038 **I'm Sumin.** 저는 수민이에요.

039 **It's nice to meet you.** 만나서 반가워.

040 **It's good to meet you.** 만나서 반가워.

041 **Where are you from?** 너는 국적이 어디니?

042 **I'm from Canada.** 저는 캐나다 출신이에요.

043 **I'm from China.** 저는 중국 출신이에요.

044 **How old are you?** 너는 몇 살이니?

045 **I'm ten years old.** 저는 열 살입니다.

046 **How old is your sister?** 네 여동생은 몇 살이니?

047 **She is eight years old.** 그녀는 여덟 살입니다.

048 **What grade are you in?** 너는 몇 학년이니?

049 **I'm in the fourth grade.** 저는 4학년이에요.

050 **I'm in the fifth grade.** 저는 5학년이에요.

051 **Where do you live?** 너는 어디 사니?

052 **I live in Seoul.** 저는 서울에 살아요.

053 **I live in Busan.** 저는 부산에 살아요.

054 **When is your birthday?** 네 생일은 언제니?

055 **It's on Saturday.** 토요일이에요.

056 **October fifth.** 10월 5일이에요.

기분·상태

057 **Are you angry?** 너 화났니?

058 **Yes, I am.** 네, 화났어요.

059 **No, I'm not.** 아니요, 화나지 않았어요.

060 **I'm happy.** 나는 행복해요.

061 **I'm sad.** 나는 슬퍼요.

062 **I'm hungry.** 나는 배가 고파요.

063 **I'm sick.** 나는 아파요.

064 **Are you all right?** 너 괜찮니?

065 **What's wrong?** 무슨 일이니?

066 **I have a cold.** 감기 걸렸어.

067 **How are you feeling now?** 지금 기분이 어때?

068 **I feel happy.** 저 기분이 좋아요.

069 **I feel glad.** 저 기분이 좋아요.

070 **I feel sad.** 저 기분이 슬퍼요.

071 **I feel unhappy.** 저 기분이 슬퍼요.

072 **I feel angry.** 저 화가 나요.

073 **That's too bad.** 그것 참 안됐구나.

074 **I have a headache.** 머리가 아파요.

075 **I have a toothache.** 이빨이 아파요.

격려·축하

076 **Don't worry.** 걱정하지 마.

077 **Come on!** 힘 내!

078 **Cheer up!** 기운 내!

079 **Happy birthday!** 생일 축하해!

080 **Happy New Year!** 새해 복 많이 받아!

081 **Merry Christmas!** 메리 크리스마스!

082 **Good luck!** 행운을 빌어!

083 **Have a nice day!** 좋은 하루 돼!

084 **You, too!** 너도!

085 **Congratulations!** 축하해!

086 **What a nice picture!** 멋진 사진이다!

087 **How beautiful she is!** 그녀는 정말 아름답구나!

088 **Great! / Excellent!** 멋져!

명령문

089 **Sit down, please.** 앉아라.

090 **Stand up, please.** 일어서라.

091 **Open your book.** 네 책을 펴라.

092 **Read aloud.** 크게 소리 내어 읽어라.

093 **Go to bed.** 잠자리에 들어라.

094 **Go to school.** 학교에 가라.

095 **Get up early.** 일찍 일어나라.

096 **Wake up early.** 일찍 일어나라.

097 **Wash your face.** 세수를 해라.

098 **Brush your teeth.** 양치질을 해라.

099 **Put on your coat.** 코트를 입어라.

100   **Put on your shoes.** 신발을 신어라.

101   **Put on your hat.** 모자를 써라.

능력·가능성

102   **Can you swim?** 너 수영할 수 있니?

103   **Yes, I can.** 네, 할 수 있어요.

104   **Sure, I can.** 물론 할 수 있어요.

105   **No, I can't.** 아니요, 할 수 없어요.

106   **I can jump.** 저는 점프를 할 수 있어요.

107   **Can you sing?** 너 노래할 수 있니?

108   **I can sing.** 저는 노래할 수 있어요.

109   **I can't walk.** 저는 걸을 수 없어요.

동의

110 **What do you think?** 어떻게 생각하니?

111 **That isn't true.** 그건 사실이 아니야.

112 **That's not right.** 그건 옳지 않아.

113 **That's not correct.** 그건 옳지 않아.

114 **Me, too.** 나도.

115 **Same here.** 나도.

116 **Yes! / Okay!** 좋아!

117 **Sure! / All right!** 좋아!

118 **Of course.** 물론이지.

119 **No problem.** 괜찮아.

120 **That sounds good.** 그거 좋겠다.

121 **I don't think so.** 난 그렇게 생각하지 않아.

시간

122 **What time is it?** 몇 시니?

123 **It's nine o'clock.** 아홉 시예요.

124 **It's time for lunch.** 점심 먹을 시간이에요.

125 **It's time for breakfast.** 아침 먹을 시간이에요.

126 **It's time for dinner.** 저녁 먹을 시간이에요.

127 **When do you get up?** 너는 언제 일어나니?

128 **I get up at seven.** 저는 7시에 일어나요.

129 **I go to bed at nine thirty.**
저는 9시 30분에 잠자리에 들어요.

도움

130 **Can you help me?** 저를 도와줄 수 있나요?

131 **Sure, I can.** 물론이죠, 도와줄 수 있어요.

132 **Sorry, I can't.** 미안해요, 도와줄 수 없어요.

133 **Can I borrow your eraser?** 지우개 좀 빌려 주겠니?

134 **Sure, here you are.** 그럼, 여기 있어.

135 **Please open the door.** 문을 열어주세요.

136 **Can I help you?** 도와드릴까요?

137 **Yes, please.** 네.

138 **Sure! No problem.** 물론! 문제 없어.

139 **Is this your umbrella?** 이것은 네 우산이니?

140 **This is my umbrella.** 이것은 제 우산이에요.

141 **This is his eraser.** 이것은 그의 지우개예요.

142 **What's this?** 이것은 무엇이니?

143 **This is a pencil.** 이것은 연필이에요.

144 **What's that?** 저것은 무엇이니?

145 **That's a desk.** 저것은 책상이에요.

146 **What is it?** 그것은 무엇이니?

147 **It's a dog.** 그것은 개예요.

148 **Whose paintbrush is this?**
이것은 누구의 붓이니?

149 **It's Ann's.** 그것은 앤의 것이에요.

150 **It's Tom's** 그것은 톰의 것이에요.

151 **It's mine.** 그것은 제 것이에요.

152 **How do you spell Juwon?**
주원의 철자가 어떻게 되나요?

153 **J-U-W-O-N.** J–U–W–O–N입니다.

154 **Do you have any glue?** 너 풀 좀 있니?

155 **Yes, I do. I have glue.** 네, 있어요. 저는 풀이 있어요.

156 **No, I don't. I have a piece of paper.**
아뇨, 없어요. 저는 종이가 있어요.

157 **I have a book.** 저는 책이 있어요.

158 **What are you doing?** 너 뭐 하고 있니?

159 **I am reading a book.** 책 읽고 있어요.

160 **What is she doing?** 그녀는 무엇을 하고 있니?

161 **She is cooking.** 그녀는 요리하고 있어요.

162 **Where are you?** 너 어디 있니?

163 **I'm in the bathroom.** 저는 화장실에 있어요.

164 **Where's she?** 그녀는 어디 있니?

165 **She's in the bedroom.** 그녀는 침실에 있어요.

166 **Where's my ball?** 제 공이 어디 있나요?

167 **It's in the box.** 그것은 상자 안에 있어요.

168 **How many apples do you have?**
너는 사과를 몇 개 갖고 있니?

169 **I have two apples.** 저는 사과를 두 개 갖고 있어요.

170 **I have three tomatoes.**
저는 토마토를 세 개 갖고 있어요.

171 **Do you know about this city?**
너는 이 도시에 대해 아니?

172 **I don't know.** 모르겠어요.

173 **I have no idea.** 모르겠어요.

174 **I know his name.** 난 그의 이름을 알아요.

175 **How much is this?** 이거 얼마예요?

176 **Twenty thousand won.** 이만 원이에요.

177 **It's expensive.** 비싸네요.

178 **It's cheap.** 싸네요.

179 **Who is she?** 그녀의 직업은 무엇입니까?

180 **She's a singer.** 그녀는 가수예요.

181 **She's a nurse, isn't she?**
그녀는 간호사예요, 그렇지 않나요?

182 **How's this?** 이거 어때요?

183 **Very good.** 아주 좋아요.

184 **That's fine.** 좋아요.

185 **That's excellent.** 훌륭해요.

186 **Well done!** 잘 했어!

187 **Why do you like him?** 왜 그를 좋아하니?

188 **Because he's kind.** 그는 친절하기 때문이야.

가족

189 **How large is your family?** 가족이 몇 명이니?

190 **How many brothers and sisters do you have?** 형제자매가 어떻게 되니?

191 **There are three in my family.** 세 식구예요.

192 **I am an only son.** 저는 외아들이에요.

193 **I am an only daughter.** 저는 외동딸이에요.

194 **I'm the oldest.** 저는 맏이예요.

195 **I'm the youngest.** 저는 막내예요.

196 **This is my uncle.** 이분은 제 삼촌이에요.

날짜·요일

197 **What day is it?** 무슨 요일이니?

198 **It's Monday.** 월요일이에요.

199 **It's Tuesday.** 화요일이에요.

200 **It's Wednesday.** 수요일이에요.

201 **It's Thursday.** 목요일이에요.

202 **It's Friday.** 금요일이에요.

203 **It's Saturday.** 토요일이에요.

204 **It's Sunday.** 일요일이에요.

제안

205 **Let's play tennis.** 테니스를 하자.

206 **Let's go swimming.** 수영하러 가자.

207 **What about going fishing?**
낚시하러 가는 거 어때?

208 **How about this house?** 이 집은 어때?

허락

209 **May I come in?** 들어가도 되나요?

210 **Yes, you may come in.** 네, 들어와도 돼요.

211 **May I get on the bus?** 제가 버스에 타도 될까요?

212 **Yes, you can.** 네, 그러세요.

213 **No, you can't.** 아뇨, 안 돼요.

214 **Don't lie.** 거짓말하지 마.

215 **Don't run.** 뛰지 마.

216 **Don't touch it.** 그것을 건들지 마.

217 **Watch out!** 조심해!

218 **Look out!** 조심해!

219 **Be careful!** 조심해!

220 **Do you want to be a teacher?**
너는 선생님이 되고 싶니?

221 **I want to be a pilot.** 저는 비행사가 되고 싶어요.

222 **Would you like to eat something?**
무엇 좀 먹을래?

223 **I'd like to eat something.**
저는 무엇 좀 먹고 싶어요.

224 **Do you like baseball?** 너 야구 좋아하니?

225 **Yes, I do.** 네, 좋아해요.

226 **No, I don't.** 아니요, 좋아하지 않아요.

227 **Do you like apples?** 너 사과 좋아하니?

228 **Yes, I like apples.** 네, 저는 사과를 좋아해요.

229 **What do you like?** 네가 좋아하는 것은 무엇이니?

230 **I like soccer.** 저는 축구를 좋아해요.

231 **I don't like basketball.** 저는 농구를 좋아하지 않아요.

232 **Does she like taekwondo?**
그녀는 태권도를 좋아하니?

233 **She likes taekwondo.** 그녀는 태권도를 좋아해요.

234 **She doesn't like taekwondo.**
그녀는 태권도를 좋아하지 않아요.

235 **What do you want?** 너는 무엇을 원하니?

236 **I want ice cream.** 저는 아이스크림을 원해요.

237 **What's your favorite subject?**

네가 가장 좋아하는 과목이 무엇이니?

238 **My favorite subject is math.**

제가 가장 좋아하는 과목은 수학이에요.

비교

239 **Steve is faster than Brian.**

스티브가 브라이언보다 빠르다.

240 **Alice is taller than Amy.**

앨리스가 에이미보다 키가 크다.

241 **Emma is younger than Elly.**

엠마가 엘리보다 어리다.

색깔

242 **What color is it?** 그것은 무슨 색깔이니?

243 **It's blue.** 그것은 파란색이에요.

244 **It's red.** 그것은 빨간색이에요.

245 **It's green.** 그것은 녹색이에요.

246 **It's white.** 그것은 흰색이에요.

247 **It's black.** 그것은 검정색이에요.

날씨

248 **How's the weather?** 날씨가 어때?

249 **What's the weather like?** 날씨가 어때?

250 **It's sunny.** 맑아요.

251 **It's rainy.** 비가 와요.

252　**It's cloudy.** 구름이 꼈어요.

253　**It's snowy.** 눈이 와요.

254　**It's cold.** 추워요.

255　**It's hot.** 더워요.

전화

256　**Hello? Is Juwon there?**

(전화할 때) 여보세요? 주원이 있어요?

257　**Who's calling, please?** 누구세요?

258　**May I speak to Juwon?** 주원이랑 통화할 수 있나요?

259　**Juwon, please.** 주원이 부탁해요.

260　**This is Juwon.** 제가 주원인데요.

길 찾기

261 **Where's the bus stop?** 버스 정류장이 어디 있나요?

262 **Go straight.** 곧장 가세요.

263 **Turn left.** 왼쪽으로 돌아가세요.

264 **Turn right.** 오른쪽으로 돌아가세요.

265 **Is it far from here?** 여기서 먼가요?

266 **No, it takes five minutes on foot.**
아니요, 걸어서 5분 걸려요.

음식

267 **What's for lunch?** 점심으로 뭐를 먹니?

268 **I eat pizza for lunch.** 저는 점심 식사로 피자를 먹어요.

269 **I eat noodles for dinner.**
저는 저녁 식사로 국수를 먹어요.

270 **Please help yourself.** 양껏 먹어요.

271 **Please go ahead.** 어서 드세요.

272 **Yes, thank you.** 네, 감사합니다.

273 **No, thanks.** 아니요, 괜찮습니다.

274 **I'm full.** 저는 배가 불러요.

275 **It tastes sweet.** 맛이 달아요.

276 **It tastes bitter.** 맛이 써요.

277 **It tastes sour.** 맛이 시어요.

278 **It smells good.** 냄새가 좋네요.

신체 묘사

279   **He's short.** 그는 키가 작다.

280   **He's tall.** 그는 키가 크다.

281   **Buy me that, please.** 저거 사 주세요.

282   **She's thin.** 그녀는 말랐다.

의사소통

283   **Too fast.** 너무 빨라요.

284   **Slow down, please.** 천천히 말해 주세요.

285   **I'm sorry?** 다시 말씀해 주세요.

286   **I beg your pardon?** 다시 말씀해 주세요.

287   **Tell me again.** 다시 말씀해 주세요.

288   **What did you say?** 뭐라고 말씀하셨어요?

289   **I said I was scared.** 나는 무서웠다고 말했어요.

290 **Did you say you were scared?**
당신은 무서웠다고 말했나요?

291 **Are you sure?** 정말이에요?

292 **Do you understand?** 이해하나요?

293 **What is 분필 in English?**
분필이 영어로 무엇인가요?

294 **I'm sure.** 나는 확실해.

295 **Hey!** 이봐!

296 **Oh, look.** 여기 봐.

297 **Oh, listen.** 들어 봐.

298 **What a surprise!** 웬일이니!

299 **You're right.** 네가 맞았어.

300 **You're wrong.** 네가 틀렸어.

2. 불규칙 동사변화

❖ A-B-C형 : 원형·과거형·과거분사형 세 가지가 서로 다른 것

현재	과거	과거 분사	의미
begin	began	begun	시작하다
drink	drank	drunk	마시다
ring	rang	rung	울리다
sing	sang	sung	노래하다
swim	swam	swum	수영하다
drive	drove	driven	운전하다
ride	rode	ridden	타다
rise	rose	risen	일어나다
write	wrote	written	쓰다
break	broke	broken	깨뜨리다
speak	spoke	spoken	말하다
steal	stole	stolen	훔치다
choose	chose	chosen	선택하다
blow	blew	blown	(바람이) 불다
grow	grew	grown	성장하다
know	knew	known	알다
throw	threw	thrown	던지다
draw	drew	drawn	그리다
fly	flew	flown	날다
eat	ate	eaten	먹다
fall	fell	fallen	떨어지다
give	gave	given	주다
go	went	gone	가다
see	saw	seen	보다
shake	shook	shaken	흔들다
show	showed	shown / showed	보여주다
take	took	taken	받다
be ⌐am, is ⌐are	⌐was ⌐were	been	있다; 이다
do[does]	did	done	하다
forget	forgot	forgotten	잊다
lie	lay	lain	눕다
wear	wore	worn	입고 있다

✪ A-B-B형 : 과거형과 과거분사형이 같은 것

현재	과거	과거 분사	의미
bring	brought	brought	가져오다
think	thought	thought	생각하다
buy	bought	bought	사다
fight	fought	fought	싸우다
catch	caught	caught	잡다
teach	taught	taught	가르치다
lend	lent	lent	빌려주다
send	sent	sent	보내다
spend	spent	spent	(돈,시간을) 쓰다
build	built	built	짓다, 건축하다
pay	paid	paid	지불하다
lay	laid	laid	놓다; 눕히다
say	said	said	말하다
sell	sold	sold	팔다
tell	told	told	말하다
feel	felt	felt	느끼다
keep	kept	kept	유지하다
meet	met	met	만나다
sleep	slept	slept	자다
leave	left	left	떠나다
mean	meant	meant	의미하다
lose	lost	lost	잃다
stand	stood	stood	서다
understand	understood	understood	이해하다
find	found	found	발견하다
have	had	had	가지다
lead	led	led	이끌다, 인도하다
hold	held	held	잡다, 쥐다
make	made	made	만들다
hear	heard	heard	듣다
sit	sat	sat	앉다
win	won	won	이기다
shine	shone	shone	빛나다
shoot	shot	shot	(총 따위를) 쏘다
get	got	got	얻다

● A-B-A형 : 원형과 과거분사형이 같은것

현재	과거	과거 분사	의미
become	became	become	~이 되다
come	came	come	오다
run	ran	run	달리다

● A-A-A형 : 원형·과거형·과거분사형 세 가지가 모두 같은것

현재	과거	과거 분사	의미
cut	cut	cut	자르다
hit	hit	hit	때리다
hurt	hurt	hurt	다치게 하다
let	let	let	~시키다
put	put	put	놓다
read	read	read	읽다
set	set	set	두다
shut	shut	shut	닫다
spread	spread	spread	펴다, 펼치다

2. 기수와 서수

기수 (cardinal number)		서수 (ordinal number)	
1	one	1st	first
2	two	2nd	second
3	three	3rd	third
4	four	4th	fourth
5	five	5th	fifth
6	six	6th	sixth
7	seven	7th	seventh
8	eight	8th	eighth
9	nine	9th	ninth
10	ten	10th	tenth
11	eleven	11th	eleventh
12	twelve	12th	twelfth
13	thirteen	13th	thirteenth
14	fourteen	14th	fourteenth
15	fifteen	15th	fifteenth
16	sixteen	16th	sixteenth
17	seventeen	17th	seventeenth
18	eighteen	18th	eighteenth
19	nineteen	19th	nineteenth
20	twenty	20th	twentieth
21	twenty-one	21st	twenty-first
22	twenty-two	22nd	twenty-second
23	twenty-three	23rd	twenty-third
24	twenty-four	24th	twenty-fourth
25	twenty-five	25th	twenty-fifth
26	twenty-six	26th	twenty-sixth
27	twenty-seven	27th	twenty-seventh
28	twenty-eight	28th	twenty-eighth
29	twenty-nine	29th	twenty-ninth
30	thirty	30th	thirtieth
40	forty	40th	fortieth
50	fifty	50th	fiftieth
60	sixty	60th	sixtieth
70	seventy	70th	seventieth
80	eighty	80th	eightieth
90	ninety	90th	ninetieth
100	one hundred	100th	one hundredth

단어와 회화를 함께 익히는

초등영단어

WorldCom Edu Contents Development Team

© 2014 published by WorldCom Edu Publishing Inc.

ISBN : 978-89-6198-408-9 61740

펴낸이 | 임 병 업

펴낸곳 | (주)월드컴 에듀

등록 | 2000년 1월 17일

주소 | 서울특별시 강남구 언주로 120, 912호 (도곡동, 인스토피아)

전화 | 02)3273-4300(대표)

팩스 | 02)3273-4303

홈페이지 | www.wcbooks.co.kr www.wcedu.co.kr

이메일 | wc4300@wcbooks.co.kr

제조자명 | (주)월드컴 에듀

제조년월 | 2018. 06

제조국 | 대한민국

사용연령 | 36개월 이상

서울특별시 강남구 언주로 120, 912호 (도곡동, 인스토피아) 02-3273-4300